MW01707950

Le mal et la souffrance

Les CARNETS sont édités par :

- Les éditions du CERF. Depuis plus de cinquante ans, le Cerf édite *Fêtes & Saisons,* le mensuel chrétien « pour être bien dans sa foi »
- FAMILLE ET ÉDUCATION, le magazine des parents d'élèves de l'Enseignement libre
- NOVALIS, maison d'édition religieuse au Québec

LES CARNETS

Depuis plus de cinquante ans, la revue Fêtes & Saisons, publiée par les Éditions du Cerf, tient une place irremplaçable dans la presse catholique, en France et dans les pays francophones. Véritable encyclopédie de la foi chrétienne, elle s'efforce, dans un langage simple, de rendre accessible à tous le message de Jésus et de ses disciples.
Dans le même esprit, *les Carnets* de Fêtes & Saisons proposent aujourd'hui à un large public des ouvrages faciles d'accès pour approfondir et mieux vivre la foi chrétienne.

Dans la même collection

n° 1. Les adolescents et la foi
n° 3. Astrologie et foi chrétienne
n° 4. Quarante mots clés pour entrer dans la Bible
n° 5. Porter la communion aux malades
n° 6. Dieu existe-t-il ?
n° 7. Découvrir l'apôtre Paul
n° 8. Une famille juive au temps de Jésus

«Le mal et la souffrance» a été publié pour la première fois par la revue *Fêtes & Saisons* (n° 441). La présente édition a été modifiée et augmentée.

Dominique Morin

Le mal et la souffrance

LES CARNETS

FÊTES & SAISONS

Du même auteur

Aux éditions du Cerf

Pour dire Dieu, 1989, traduit en anglais, italien, espagnol et portugais

Quand Dieu nous fait signe, 1993.

ISBN : 2-204-04915-8 (Cerf)
ISBN : 2-89088-631-X (Novalis)
ISBN : 2-902987-04-8 (Famille et Éducation)

Au cœur du mystère

Les médias ne cessent de nous montrer le mal à l'oeuvre autour de nous et de nous parler de ces multitudes d'hommes durement touchés par le malheur et la souffrance. Tremblements de terre, guerres, tortures, chômage, drogue, misères, violences et barbaries multiples, la liste serait malheureusement longue de tous les maux qui accablent chaque jour l'humanité. Et qui l'ont accablée depuis que l'homme existe sur terre.

Nul n'est épargné par la souffrance. Chacun de nous, tôt ou tard, en fait la douloureuse expérience en lui et autour de lui. Deuils, maladies, trahisons, injustices, solitudes, angoisses, anxiétés, lassitudes, incompréhensions de toutes sortes, que de drames, bien souvent secrets, nous rongent parfois ! A celui qui y songe, ne serait-ce qu'un instant, la souffrance du monde se révèle infinie.

Pourquoi ?

Pourquoi tout ce mal et cette souffrance ? Pourquoi tout ce sang versé inutilement, ces guerres injustes, ces misères, ces famines, ces tyrannies et ces violences ? Pourquoi une telle inégalité, une telle injustice devant le malheur, les “bons” semblant apparemment plus souvent frappés que les “méchants” ? Pourquoi l'homme recèle-t-il en lui une telle capacité à faire le mal et pourquoi éprouve-t-il même parfois, tout au moins apparemment, un réel plaisir à le faire ? Pourquoi enfin cette impuissance manifeste des hommes à briser ces cercles infernaux du mal et de la souffrance, malgré le progrès des sciences et des techniques et la bonne volonté de beaucoup ?

Tout ce mal et cette souffrance qui, chaque jour, accablent les hommes sont apparemment inexplicables et injustifiables. Ils n'ont ni sens ni raison. Aussi suscitent-ils en nous une réaction spontanée de rejet et de révolte. Nous souhaiterions pouvoir échapper à cette terrible emprise, mais c'est impossible, et ce caractère inéluctable du mal et de la souffrance augmente encore notre révolte.

Et Dieu dans tout cela ?

Ce "mystère" du mal apparaît donc comme une sorte de scandale pour la raison... et il semble que le mystère s'épaississe encore davantage si on tente de le résoudre en faisant appel à Dieu.

Comment en effet concilier l'existence d'un Dieu bon et tout-puissant avec la longue histoire des hommes marquée par les guerres, les famines, les épidémies, les catastrophes, les oppressions? Ainsi posé, le mystère du mal et de la souffrance peut constituer une redoutable épreuve pour le croyant et un obstacle insurmontable vers la foi pour le non-croyant. Si en effet Dieu est bien le créateur de ce monde qui connaît intensément le mal et baigne dans une souffrance souvent horrible, n'est-il pas, par là même, également responsable de cette tragique situation ?

Comment, dès lors, peut-on affirmer à la fois l'existence de Dieu et l'existence du mal et de la souffrance? Cela semble contradictoire, car, comme le soulignait Lactance, un philosophe chrétien du 3è siècle après J.-C. : *"Si Dieu veut supprimer le mal et ne peut le faire, c'est qu'il n'est pas tout-puissant, ce qui est contradictoire. S'il le peut et ne le veut pas, c'est qu'il ne nous aime pas, ce qui est également contradictoire. S'il ne le peut ni ne le veut, c'est qu'il n'a ni puissance ni amour et qu'il n'est donc pas Dieu"*.

Il y a quelques années, rapporte le Père Bro, *"on avait demandé aux élèves des classes de terminales d'un lycée de Stockholm d'exprimer par un dessin ce que le mot Dieu évoquait pour eux. Et l'un des grands quotidiens de la ville, en donnant le résultat de l'enquête, publia un dessin choisi parmi les réponses qui constituaient la majorité. Pour évoquer Dieu, l'un des élèves avait seulement représenté un visage. Ce visage était très beau, infiniment serein, souriant dans les nuées comme un visage de Bouddha. En dessous : la terre couverte de ravages, de cadavres, d'affamés. En légende cette seule phrase : «Pour moi, Dieu c'est le Tout-Puissant incapable»* " (B. Bro, *Le pouvoir du mal,* Cerf, p.11).

Dieu, à supposer qu'il existe, ne serait-il donc qu'un «Tout-puissant incapable»? Avec cette question, nous sommes au cœur du mystère.

Une discrète mais nécessaire parole

Seul le silence convient face à celui qui est affronté au malheur. Lorsqu'on souffre, on n'a guère la force ou le cœur d'en parler. Encore moins, sans doute, l'envie d'écouter des discours. Aussi les paroles d'explication et de consolation adressées à qui est plongé dans la douleur sont-elles, le plus souvent, déplacées et insupportables.

Mais respecter ce légitime silence devant la souffrance, et renoncer aux réponses toutes faites, n'implique pas qu'on doive rester muet sur ce sujet.

C'est pourquoi nous proposerons, dans les pages suivantes, des pistes de réflexion et des thèmes de méditation. À défaut d'apporter des solutions définitives, elles permettront peut-être, et c'est déjà beaucoup, de mieux cerner cette lancinante question à la lumière de la foi chrétienne.

Lorsque je vois tant de mal et de souffrance

Lorsque je vois la guerre
et la pollution qui règne dans le monde,
lorsque je vois l'égoïsme
et le désir de possession
qui s'étalent autour de moi...

Lorsque je vois la haine
et le désir de détruire qui sont en moi,
lorsque je vois l'avidité
et la mesquinerie qui peuvent être les miennes...

Lorsque je vois le bien
qui pourrait être fait
et le mal qui est partout présent,
lorsque je vois le mal que je fais
alors que je voudrais le bien...

Je me demande si l'humanité,
et si moi-même avec elle,
nous pourrons enfin sortir
de ces cercles infernaux.

Je me demande si nous pourrons
vraiment vaincre
le mal et la souffrance,
la pauvreté et l'injustice,
et connaître enfin le bonheur
auquel nous aspirons tous si ardemment !

Thierry

Les dimensions du malheur

Multiples, hélas, sont les malheurs qui peuvent s'abattre sur nous. Multiples également sont les réponses possibles à ces déchirures qui font durement jaillir la question du «pourquoi ? » et surtout du «pourquoi moi ? »

Cette question surgit en nous parce que nous avons une conscience aiguë de notre finitude et de nos limites. Parce que nous sommes capables de réfléchir à ce qui nous arrive et de discerner plus ou moins les maux qui sont à l'origine de nos souffrances et les engendre. Parce que nous sentons bien qu'il y a une différence entre les causes immédiates du mal et de la souffrance, et le manque de sens de ce qui nous arrive et nous plonge dans le désarroi.

Une douloureuse prise de conscience

Il n'y a vraiment mal et souffrance qu'avec l'apparition de la conscience. L'univers matériel et le monde végétal ne souffrent pas. Un objet n'a jamais mal, et il faut refuser cette tendance que nous avons parfois à projeter nos sentiments sur la nature et à baptiser «mal» ce qui est en fait «naturel». Ainsi, en soi, un tremblement de terre n'est ni un bien ni un mal. C'est un simple phénomène géologique. Il ne devient un mal que s'il coûte la vie à des hommes - voire à des animaux - parce que là, il y a souffrance.

Souffrance et conscience sont donc étroitement liées, mais plus la conscience est vive, plus la souffrance s'accroît. Contrairement à l'animal, l'homme ne se contente donc pas de souffrir. Il sait qu'il souffre, ce qui redouble sa souffrance. Sans compter qu'il ne vit pas sa souffrance seulement au présent. Son passé peut l'obséder jusqu'à l'emmurer dans de terribles remords et le conduire a la dépression.

Tout comme son futur qu'il peut redouter jusqu'à l'empêcher de vivre. En outre, il sait qu'il est mortel et la perspective de sa mort assombrit l'horizon de toute sa vie. Enfin, tout cela lui semble d'autant plus injuste qu'il a en lui un immense désir de bonheur.

Différentes sortes de souffrances

Il convient ici d'être prudent en commençant par soigneusement distinguer différentes sortes de souffrances. Certaines en effet peuvent se révéler aussi positives que nécessaires pour grandir. On ne peut rien faire de constructif sans "se donner de la peine", sans "se donner du mal". Le sportif ne peut accomplir de performances sans souffrir, ni le chercheur faire des découvertes sans efforts. Cela est positif. C'est la loi même de la vie. Dans la même perspective, observe Xavier Thévenot, *«il existe aussi des souffrances qui accompagnent un processus de vie, par exemple, la souffance de quelqu'un qui suit une psychothérapie, ou la souffrance d'un alcoolique ou d'un toxicomane qui cherchent à sortir de leur dépendance»*. (Xavier Thévenot, dans L'Action Religieuse dans le Monde, n° 75).

Mais, à côté de ces souffrances liées à des efforts qui peuvent finalement se révéler fructueux, il y a toujours, hélas, les souffrances qui amoindrissent, qui blessent, qui détruisent. Certaines sont liées au fait que l'homme est un être limité. Il connaît la maladie, parfois la déchéance physique et, de toutes façons, la mort. D'autres sont dues à l'action de l'homme lui-même lorsqu'il utilise sa liberté d'une façon perverse. Lorsqu'il en abuse en se livrant à toutes les violences qu'on peut malheureusement constater autour de nous. Ces dernières sont peut-être les plus terribles, car nous en sommes nous-mêmes les auteurs. Qu'y a-t-il de pire que l'homme souffrant à cause de ses semblables... ou de lui-même ?

«Quand on n'est plus que souffrance»

La souffrance peut être une traversée du désert épouvantablement décapante. Dans les cas les plus graves, le déracinement peut être absolu : le souvenir du passé n'offre que douleur, le présent n'est plus qu'effroi, le futur est redouté. Devant le mal impitoyable, tous les appuis humains s'évanouissent. Dieu lui-même semble absent. La révolte jaillit.

« Une souffrance qui pénètre en vous de tous côtés, qui prend possession de vous d'une telle façon que vous lui appartenez complètement, malgré vous. C'est cette souffrance-là qui m'était tombée dessus le soir du 13 février. On ne peut plus penser, parler, prier. On cherche son souffle, on se concentre, on lutte pour essayer de ne pas crier... On n'est plus que souffrance. Les antibiotiques puissants qu'on me passait en perfusion étaient indispensables pour enrayer la septicémie. Ce jour-là, des larmes coulaient sur mon visage, sans que je puisse les arrêter, inépuisables, inexorables. Les infirmières qui me soignaient respectèrent ma peine d'une façon telle que je ne l'oublierai jamais. Elles ne me disaient rien. Quels mots auraient pu ne pas me blesser ? C'est en silence qu'elles évoluaient autour de moi. Mais chaque fois qu'elles quittaient ma chambre, une simple pression de la main, un regard chaleureux, me disaient, mieux qu'une parole, qu'elles luttaient avec moi. Savent-elles le réconfort qu'elles m'ont apporté ? » (Témoignage publié dans le *Bulletin de l'aumônerie des hôpitaux*).

La souffrance, écho douloureux du mal en nous

La grande différence entre l'animal et l'homme est que ce dernier peut y réfléchir et identifier ce qui en est à la source : le mal dans sa double dimension physique et morale.

À la racine de la souffrance, en effet, il y a le mal sous ses innombrables formes : la maladie physique ou psychique, les soucis, les craintes, les brisures de la sensibilité, l'amour déchiré, les violences physiques et morales avec leurs tragiques conséquences. Tout ces maux affectent l'homme et l'assaillent de tous côtés, entre les moments de répit et de bonheur, toujours trop brefs à son goût, qu'il peut cependant connaître - heureusement ! - parfois.

Écho douloureux en lui du mal qui l'accable, la souffrance pousse inévitablement l'homme à se poser sans cesse cette lancinante question : pourquoi ce mal absurde qui mutile notre être et nous écarte du bonheur ? Mais, pour que les choses soient claires, il convient, avant d'aller plus loin dans l'approche de ce mystère, de bien préciser ce qu'on met sous ce mot «mal».

Peut-on définir le mal ?

Peut-on définir le mal ? C'est extrêmement difficile, car, si le mal existe bien en lui-même, on ne peut guère le définir que par rapport à un bien qu'il amoindrit ou compromet. Comment en effet préciser une forme quelconque de mal sans évoquer nécessairement en même temps le bien dont il est justement la privation ? La maladie peut-elle se définir sans référence à un état de bonne santé ? La guerre peut-elle se définir sans évocation de l'état de paix ? La solitude subie et l'amertume qui en découle peut-elle se comprendre sans l'idée de bonheur qu'on éprouve dans une saine et riche

La douleur sert-elle à quelque chose ?

La douleur, qu'elle soit physique, morale ou spirituelle, peut être le signal d'alarme d'une maladie qui se prépare. En ce sens, elle est d'une grande importance car, sans elle, le mal risquerait de poursuivre insidieusement son œuvre de dégradation. Mais bien souvent ce «signal» fonctionne mal. Pourquoi souffre-t-on après un coup de soleil et non avant ? De très graves maladies, comme le cancer, peuvent se développer en demeurant longtemps indolores, cependant que des «bobos», pas très graves en soi, comme les caries dentaires, peuvent être extrêmement douloureux ! Pourquoi ce «signal» est-il bien souvent si peu adapté à la gravité réelle de l'état de santé physique et moral ?

En outre, on ne voit pas très bien pourquoi un tel «signal» devrait nécessairement faire souffrir. Pourquoi pas un «signal» davantage indolore ?

relation à autrui dans l'amitié ou dans l'amour ? Non, on ne peut définir l'un sans l'autre.

Le fait qu'on ne puisse définir le mal sans faire référence au bien a amené certains théologiens à ne voir dans le mal que l'absence d'un bien. Le mal, selon eux, n'aurait pas de consistance propre, n'existerait pas réellement. Ce serait, en quelque sorte du néant.

Ce genre de discours n'est pas acceptable. Lorsqu'on est affronté à la souffrance qui découle des multiples maux qui peuvent nous accabler, on se rend parfaitement compte que la souffrance a une consistance propre. Ce n'est pas du simple «non-être», ou la seule privation d'un bien. Non, le mal a une réalité effective, même si cette dernière est négative. Mais, pour encore mieux préciser les choses, il est important de distinguer ici deux sortes de maux, parfois, étroitement imbriqués : le mal "existentiel" et le mal dû à l'homme lui-même.

Le mal existentiel

On appelle "mal existentiel", le mal résultant pour l'homme, de son existence "naturelle" dans le monde. Par exemple la maladie, la souffrance, l'angoisse, la mort. En ce sens, naître, c'est commencer à souffrir. La souffrance est inhérente à l'existence, car l'homme étant un être en devenir, il est nécessairement soumis à une évolution qui ne peut éliminer totalement douleurs et souffrances.

Certes, grâce en particulier aux progrès fantastiques de la médecine et des techniques, il s'efforce sans cesse d'en repousser les limites, ce qui est parfaitement normal. Mais il sait bien qu'il ne parviendra jamais totalement à les supprimer.

Le mal lié à la liberté de l'homme

L'homme est un être conscient et libre. C'est pourquoi nous ne rencontrons pas seulement le mal "existentiel", mais également le mal lié à l'action volontaire de l'homme et à l'utilisation perverse de sa liberté. A l'occasion du trentième anniversaire des camps de la mort nazis, le cardinal Marty s'interrogeait : *"D'une telle folie collective, en vain nous cherchons encore une explication. La question reste une plaie ouverte : elle est là douloureuse; elle est un défi. Pourquoi les hommes nos frères ont-ils fait tant de mal? Pourquoi?"*

On pourrait facilement, hélas, multiplier les exemples d'avilissement d'hommes par leurs semblables, tentatives d'avilissement qui peuvent prendre toutes formes de visages : guerre, chômage, famine, corruption, recherche de puissance, de savoir, de richesses... À écouter les nouvelles du monde quotidiennement, on se demande parfois où s'arrêteront ces flots de sang et d'odieuses méchancetés, bien souvent dûs à l'utilisation perverse que l'homme fait de sa liberté.

Les causes immédiates du mal et de la souffrance

Si on pousse encore plus loin l'analyse, on se rend compte alors que le problème du mal et de la souffrance dans le monde entraînent deux séries de questions différentes, bien que complémentaires.

La première série de questions se pose à propos des causes immédiates du mal et de la souffrance. À ce niveau, on peut relativement souvent trouver des "explications", et repérer la racine de nos maux. Nous pouvons ainsi identifier les excès de toutes sortes qui permettent d'expliquer les maux physiques qui nous affectent parfois. Une hygiène défectueuse, un travail excessif, des libations trop abondantes, les drogues : autant de dérives possibles dont les effets peuvent être pernicieux. Le bon sens ne s'y trompe d'ailleurs pas : il a récolté ce qu'il mérite, dit-on alors de celui qui souffre.

Lorsqu'un avion s'écrase accidentellement et fait des victimes, on parvient souvent à expliquer la cause de l'accident : défaillances techniques ou humaines, conditions météorologiques imprévisibles et défavorables, etc., ou bien lorsqu'un attentat se produit, faisant des morts et des blessés, on cherche et on finit généralement par trouver les raisons pouvant expliquer un tel geste.

Certains maux dus à la société relèvent également de causes bien connues, comme des désastres économiques, des guerres, des égoïsmes nationaux, des rejets et des exclusions collectives. Ces «folies», véritables plaies pour l'humanité, sont le plus souvent imputables à l'homme et à la société. Les causes immédiates en sont donc le plus souvent parfaitement identifiables

Il en va assez souvent de même en ce qui concerne les phénomènes naturels. Ainsi les scientifiques peuvent expliquer les causes des tremblements de terre, des typhons, des inondations ou des sécheresses excessives qui ravagent certaines régions du globe, faisant de multiples victimes.

Pourquoi ?

Ce premier type d'explication n'est pas négligeable, mais il n'éclaire pas tout. Si on peut comprendre l'origine physique des phénomènes géologiques, les raisons des défaillances techniques ou humaines, ou les motivations des gestes désespérés de certains, on se demande toujours pourquoi cela entraîne de telles souffrances.

Pourquoi tant d'innocents paient-ils les erreurs, l'inconscience ou la folie des autres ? Pourquoi notre monde est-il, depuis ses origines, le lieu de tant de duretés et de maux atroces ? Pourquoi enfin ces forces mauvaises et perverses que nous percevons dans nos propres existences ? Saint Paul affirmait : *«Je ne comprends rien à ce que je fais : ce que je veux, je ne le fais pas, mais ce que je hais, je le fais... Vouloir le bien est à ma portée, mais je ne l'accomplis pas puisque le bien que je veux, je ne le fais pas et le mal que je ne veux pas, je le fais»* (Épitre aux Romains 7,15 et 18-19). Le mal a des attraits que le bien ne possède pas toujours. Comme le dit encore la sagesse populaire, la mauvaise herbe pousse mieux que la bonne. Pourquoi? D'où vient en nous ce dramatique penchant pour le mal?

Tout cela est apparemment absurde et, lorsqu'on s'interroge sur cette absurdité, on ne trouve aucune réponse satisfaisante. Même les croyances et les certitudes habituelles se révèlent fragiles et impuissantes à en rendre compte. La question n'est plus seulement "pourquoi" , mais "pourquoi moi ?" : «*Ce qui m'arrive n'a pas de sens. Ce qui faisait ma joie de vivre : mon corps, ma famille, mes enfants, ma foi chrétienne, c'est justement cela qui aujourd'hui me désarçonne. Toutes mes évidences tombent. C'est le désarroi*» (Xavier Thévenot, dans *Masses ouvrières*, n° 424, p. 5).

Un désarroi d'autant plus grand que, même si j'arrive à expliquer par des causes réelles, incontestables ou vraisemblables, le malheur qui me frappe, je ne comprends pas pourquoi je suis frappé, moi et pas un autre. Ce qui m'arrive est stupide, idiot, incompréhensible. À ce niveau de réflexion, le problème du mal reste entier et les questions concernant ces deux formes du mal : le mal existentiel et le mal lié à la liberté humaine, demeurent.

Toutes ces précisions - importantes - étant données, nous pouvons essayer maintenant de pénétrer un peu plus avant dans ce mystère. Commençons en faisant un rapide retour en arrière, afin de voir comment on a tenté, au fil des siècles, d'expliquer ce mystère du mal et de la souffrance.

Essais d'explication

Au fil des siècles, des "théories" aussi nombreuses que diverses ont été élaborées pour essayer d'expliquer la présence de la souffrance et du mal dans nos vies et dans notre monde. Qu'en est-il des principales d'entre elles ?

Les plus anciennes tentatives de l'homme pour tenter d'apaiser son inquiétude et son angoisse devant le spectacle du mal et la souffrance sont sans doute celles qui utilisent le mythe.

Les explications de type mythologique

Contrairement à ce qu'on croit trop souvent, les mythes sont loin d'être de simples petites historiettes pour enfants. À travers des formes très diverses, et parfois extrêmement complexes, ces récits imaginaires tentent d'apporter des explications aux questions essentielles que se pose l'homme concernant l'existence du monde et sa propre existence, et en particulier le mystère de la présence du mal et de la souffrance dans le monde et en lui. Sur ce dernier point, la présence du mal et de la souffrance, la plupart des mythes expliquent leur apparition par des fautes commises aux origines de l'humanité par nos lointains ancêtres. En voici le schéma-type.

Autrefois, les hommes vivaient heureux avec la divinité (Dieu ou les dieux), dans un monde idéal appelé paradis, où il n'y avait ni mal, ni souffrance, ni mort. Puis, pour des raisons diverses, une rupture est intervenue entre l'homme et cette divinité. L'harmonie s'est trouvée brisée, entraînant une chute de l'homme de l'éternité dans le temps, ainsi que l'apparition du mal, de la souffrance et de la mort. La condition de l'homme se trouve radicalement changée. Il connaît désormais l'angoisse et il conserve la nostalgie de ce paradis perdu, espérant le retrouver un jour pour s'y réfugier face aux agressions et aux difficultés de la vie.

On retrouve des récits de ce genre dans divers contextes culturels et notamment dans les anciennes civilisations du Proche-Orient. Souvent imagés et poétiques, ils sont intéressants car ils mettent bien en relief le désir de l'homme de comprendre les raisons du mal et de la souffrance et sa volonté de les maîtriser. Ils sont cependant insuffisants pour rendre compte de l'existence tragique du mal, car, à l'évidence... ils n'expliquent rien ! Il faut donc chercher plus loin, comme le fera la Bible qui, après avoir utilisé des récits de ce genre dans le livre de la Genèse pour tenter "d'exprimer l'inexprimable", abandonnera ce type d'explication pour explorer d'autres voies, par exemple dans le livre de Job dont nous reparlerons plus loin.

Sagesses d'Extrême-Orient

Très schématiquement, pour les sagesses orientales l'univers où nous vivons est un monde d'illusions. Comme tel, il ne peut guère engendrer que de la souffrance. La vraie réalité est ailleurs, dans l'au-delà.

Se révolter contre ces terribles réalités que sont, sur terre, le mal, la souffrance et la douleur est une voie sans issue. Il faut étouffer en nous les faux espoirs de bonheur terrestre, et tenter d'échapper à notre monde matériel, réalité illusoire et source de tous nos maux, pour atteindre, de réincarnations en réincarnations, le monde spirituel qui est celui de la vraie réalité et du vrai bonheur : le nirvana.

Platon

Dans une toute autre perspective, on retrouverait un peu ces mêmes éléments dans la philosophie de Platon, l'un des plus grands philosophes grecs (6ᵉ siècle avant Jésus-Christ). Platon dévalorise systématiquement le corps et les réalités matérielles qui, d'après lui, sont sources de toutes les souffrances. La grandeur de l'homme réside exclusivement dans ce qui le constitue spirituellement : son âme. Le corps est "la prison de l'âme", et c'est pourquoi il faut chercher à s'en détourner, comme il faut se détourner du monde matériel, pour trouver la vérité et la vraie réalité dans le monde de l'au-delà. On voit poindre ici ce qu'on appelle le "dualisme", c'est-à-dire la séparation radicale du corps et de l'esprit (ou l'âme ou la conscience). Cette séparation de l'âme et du corps, qui n'a rien de biblique, se retrouvera au cœur du manichéisme.

Le manichéisme ou la lutte du bien et du mal

Cette théorie a été élaborée notamment par Manès (ou Mani), un penseur vivant en Perse, au 3e siècle de notre ère. Manès explique le mal en affirmant l'existence de deux forces éternelles et opposées : d'un côté la force du bien, l'esprit, la lumière et, d'un autre côté, la force du mal, la matière, les ténèbres. Il y a une opposition constante et absolue entre ces deux forces ou principes que Manès considérait comme des "dieux". Pour lui, les croyants doivent chercher à se libérer de l'emprise du mal et se rapprocher du bien en pratiquant les vertus enseignées par les messagers divins. Parmi ceux-ci : Abraham, Bouddha, Jésus et Manès lui-même. L'humanité se trouve donc divisée en deux groupes : les "parfaits" qui renoncent au monde et vivent dans la chasteté, la pureté et l'ascèse absolues... et les autres.

Les adeptes de cette doctrine se sont rapidement répandus jusqu'en Europe. En France, leurs héritiers les plus connus furent les "cathares" (d'un mot grec signifiant : "pur"), qui eurent une grande influence aux 12e et 13e siècles.

Cette façon d'expliquer l'existence du mal est séduisante à première vue, car elle permet de résoudre avec une très grande simplicité son origine qui résiderait tout simplement dans cette «divinité», mauvaise et perverse, qui en serait la source.

Saint Augustin lui-même y adhéra pendant neuf ans dans sa jeunesse, avant de se convertir au christianisme et de combattre ensuite vigoureusement cette doctrine incompatible avec la foi chrétienne. Celle-ci affirme en effet, avec la plus grande netteté, qu'il n'y a qu'un seul Dieu et non pas deux, comme le soutient le manichéisme. En outre, cette conception est également très dangereuse car elle risque fort de conduire au pessimisme et au fatalisme, dans la mesure où le mal est considéré comme une réalité en soi, définitive et sans remède.

Les partisans d'un univers harmonieux

Malgré les apparences, disent-ils, l'univers forme un tout harmonieux et, en définitive, le bien l'emporte toujours sur le mal. Cette manière optimiste et rassurante d'expliquer le monde, remonte très loin dans l'histoire de la pensée occidentale. On la trouve ainsi par exemple chez Héraclite, un philosophe grec du 6ᵉ siècle avant J.-C. Héraclite affirmait : *«Bien et mal sont tout un... La maladie fait de la santé une joie : ainsi font le mal pour le bien, la faim pour la satiété, la peine pour le repos»* (Héraclite, *Fragments* 58 et 125).

Par la suite, de siècle en siècle, elle a été constamment reprise, notamment par Leibniz, philosophe et savant allemand du 18ᵉ siècle. Il tente tout à la fois d'apaiser l'homme et d'innocenter Dieu du mal, en le resituant dans l'ordre universel : Dieu a créé le meilleur des mondes possibles, celui qui, en définitive, comportait le maximum de bien et le minimum de mal.

Si le mal existe, souligne tout d'abord Leibniz, c'est parce que Dieu ne pouvait créer un monde totalement parfait, sinon ce monde parfait aurait été un autre Dieu puisque seul Dieu est un être absolument parfait. Mais il est impensable qu'il y ait deux perfections absolues, ou deux «Dieux». Dieu, ne pouvait donc créer qu'un monde limité et imparfait, donc avec, malheureusement, la présence du mal et de la souffrance. Tout ce que Dieu pouvait faire, c'était créer un monde où il y ait le moins de mal possible. Certes, précisait Leibniz, Dieu aurait pu créer un monde sans Néron, le célèbre empereur romain justement qualifié de "tyran sanguinaire", mais, ajoute-t-il, un monde sans Néron eût nécessairement comporté d'autres imperfections et d'autres maux plus graves encore. Le mal et la souffrance sont des réalités affreuses et terribles que l'on doit reconnaître et déplorer. Mais ces pénibles réalités nous évitent d'autres maux pires encore. Elles sont donc bénéfiques, d'autant plus qu'elles nous permettent d'aboutir au bien qui, finalement, l'emporte toujours. Sans compter que, par contraste, elles nous permettent aussi de mieux apprécier les moments de bonheur qui nous sont offerts.

Dans cette optique, poursuit Leibniz, si nous opposons le bien et le mal, c'est en raison de nos vues étroites et partielles des choses. En réalité, ils s'unissent dans une réelle harmonie. Le mal est nécessaire dans le monde, comme les ombres dans un tableau dont elles soulignent la lumière et le relief. Ou encore comme les dissonances savamment intégrées à l'harmonie générale d'une symphonie.

Cette recherche rassurante de l'apaisement par l'harmonie des contraires est constante dans l'histoire de la pensée humaine. Les chrétiens ont souvent été tentés d'y recourir, pensant que, globalement, le bien finira toujours par l'emporter. D'où le grand succès de cette théorie.

Or, à aucun point de vue, cette réponse n'est satisfaisante. Elle apparait tout d'abord comme justement scandaleuse lorsqu'on se trouve directement affronté au mal et à la souffrance. En quoi la souffrance d'une mère devant la mort de son enfant peut-elle contribuer à l'harmonie de l'univers ? En outre, une telle manière d'envisager le mal incite à la résignation. À la limite, elle peut même permettre de justifier n'importe quelle atrocité.

Enfin, non seulement elle n'innocente pas Dieu, mais elle l'accable au contraire, dans la mesure où c'est tout de même bien lui qui a créé ce monde où existent tant de maux et de souffrances.

Non, cette théorie doit être totalement rejetée. Le mal est et restera toujours le mal : il est impossible de le justifier, et surtout pas en faisant de Dieu lui-même le créateur direct du mal.

Le Père Varillon écrivait à propos de cette théorie: *«Leibniz pense que "le mal n'est plus le mal s'il est un moment nécessaire dans le progrès". Staline ne disait pas autre chose, Hitler non plus. Pour celui-ci, la suppression de six millions de juifs était la condition du progrès de l'humanité, comme pour Staline, la liquidation de tous ceux qui s'opposaient à son régime. Le mal, dit-on, perd son caractère de mal, dès qu'il est replacé dans la perspective du développement total; la souffrance n'est plus qu'une crise de croissance; la guerre est l'enfantement de l'histoire; le sacrifice des générations présentes permet l'accès à la société future... Une telle justification du mal est non seulement superficielle mais injuste et donc, si elle est injuste, elle est aussi un mal. Ce n'est pas faire disparaître le mal, c'est ajouter le mal au mal. Il y a des argumentations qui sont non seulement inefficaces mais moralement mauvaises et littéralement scandaleuses. Une telle philosophie n'est possible que si l'on compte pour rien l'individu, la personne, l'homme concret"* (F. Varillon, *Joie de croire, joie de vivre*, Le Centurion, p. 266).

Le stoïcisme ou la résignation

Si on ne peut expliquer le mal et la souffrance, que faire alors ? La sagesse ne consisterait-elle pas à se résigner et à tendre le dos en attendant que passe l'orage?

Telle était la conviciton des stoïciens qui cherchaient moins à expliquer le mal qu'à prêcher la soumission. Pour eux, la sagesse consiste à cultiver ce qui dépend de nous et à supporter le reste courageusement. Comme le disait l'un de leurs plus éminents représentants, le philosophe Épictète (50-130): *"Ne demande pas que ce qui arrive, arrive comme tu veux, mais veuille que les choses arrivent comme elles arrivent, et tu seras heureux"*. Il ne s'agit nullement, pour le stoïcien, de rechercher la souffrance, mais de reconnaître qu'on ne peut malheureusement jamais y échapper totalement. Dès sa naissance, l'homme est assez vieux pour souffrir et pour mourir. Nul ne doit jamais l'oublier : *«Demain tu vas mourir»,* disait ainsi le sage stoïcien à l'enfant qui venait de naître, en se penchant sur son berceau, devant sa mère.

Pour éviter le découragement face à cette triste situation, le stoïcisme invite l'homme à maîtriser ses désirs et ses passions afin de limiter le plus possible les risques de frustration, et à apprendre à demeurer insensible face au mal et à la souffrance afin de trouver la vraie sérénité. Cette attitude est résumée dans une autre devise stoïcienne célèbre : *"Sustine et abstine"*. Autrement dit : Supporte (ce qui ne dépend pas de toi) et abstiens-toi (de toute passion). Programme de vie qui peut mener tantôt à une résignation un peu triste, tantôt à un volontarisme parfois orgueilleux : on serre les dents pour montrer qu'on est bien au-dessus de toute souffrance.

Cette attitude passive de démission, résignée ou teintée d'orgueil, est fort respectable. Pourtant elle laisse insatisfait, car le mal continue à nous imposer sa terrible et inacceptable présence. L'attitude stoïcienne s'accommode de l'existence du mal : elle démobilise,

Dieu souffre-t-il ?

On a longtemps insisté, sans doute d'une façon excessive, sur l'impassibilité de Dieu. On ne pensait pas qu'il puisse souffrir et partager la souffrance de son fils et des hommes. Or la Bible affirme exactement le contraire : Dieu aime les hommes d'un «amour fou». Comment, dès lors, pourrait-il demeurer dur et froid à leur égard ? Comment, par ailleurs, imaginer qu'il puisse voir souffrir et mourir son fils sans en éprouver une extrême souffrance ?

Non, on ne peut imaginer Dieu comme impassible. Il est d'abord amour et compassion. Bien loin d'être une insuffisance en lui, cette capacité à éprouver des sentiments, cette capacité à admirer, à se réjouir... ou à souffrir, est tout au contraire le fruit de cette surabondance d'être qu'est la sienne, d'où jaillit perpétuellement une vie qui est toujours la même et toujours nouvelle.

alors que nous sentons qu'il nous faut au contraire lutter de toutes nos forces contre le mal.

La philosophie stoïcienne a eu une influence profonde sur l'histoire de la pensée occidentale et sur le christianisme qui a eu souvent tendance à la reprendre à son compte, oubliant parfois un peu vite qu'elle est incompatible avec l'Évangile. En effet, face au mal et à la souffrance, Jésus n'a jamais prêché la soumission ou la résignation, mais au contraire, une révolte active.

«Dieu est méchant»

La révolte contre le mal et la souffrance peut conduire à la révolte contre Dieu. Un certain nombre de penseurs modernes ont mis en relief leur opposition absolue à Dieu dont, à cause du mal et de la souffrance, ils considèrent l'existence comme parfaitement inacceptable. *«Je ne crois pas en Dieu, et si j'y crois, je crois qu'il est méchant»*, affirme ainsi Stendhal, relayé par un autre écrivain, Samuel Beckett : *«Dieu a bâclé l'homme de façon scandaleuse»*. Parmi d'autres, le philosophe Schopenhauer abonde en ce sens : *«À supposer que Dieu ait façonné ce monde, je n'aimerais pas être ce Dieu-là, car la misère du monde me déchirerait le cœur»*.

On ne peut, de fait, échapper à ces questions bien troublantes : face au mal et à la souffrance qui ravagent le monde, où est Dieu ? Que fait-il ? S'il était vraiment bon et tout-puissant, il devrait se manifester lorsque nous souffrons. Or c'est le contraire qui semble le plus souvent arriver : Dieu est apparemment le grand absent de la scène tragique de nos existences.

«J'ai cherché Dieu dans chaque trou d'obus, dans chaque maison détruite, à chaque coin de rue, auprès de chaque camarade, quand j'était blotti dans un entonnoir, et je l'ai cherché même dans le ciel... Et Dieu ne s'est jamais montré, alors que tout mon cœur criait après lui. Les maisons étaient éventrées, les camarades aussi courageux ou lâches que moi... Sur la terre ne régnait que le meurtre et la faim. Du ciel se déversaient les bombes et le feu... Dieu seul était absent»

(Lettre retrouvée sur l'un des derniers combattants de la terrible bataille de Stalingrad lors de la dernière guerre mondiale, dans *Lettres de Stalingrad*, éd. Coréa, p. 67).

Albert Camus ou l'homme révolté

Cette révolte était également celle d'un grand écrivain-philosophe athée contemporain, Albert Camus. Il était en particulier révolté par la souffrance des enfants, image la plus atroce du mal. Là résidait pour lui la preuve absolue que Dieu n'existe pas. On ne peut affirmer l'existence d'un Dieu bon, avec cette réalité omniprésente et tragique du mal et de la souffrance dans nos vies. Comme il le fait dire au docteur Rieux, l'un des personnages centraux de son roman *La Peste,* face à un enfant décédé à la suite d'une épouvantable épidémie de peste : *«Je me fais une autre idée de l'amour. Et je me refuserai jusqu'à la mort d'aimer cette création où les enfants sont torturés».*

Mais, pour Camus, cette omniprésence du mal et de la souffrance ne doit pas justifier une attitude de démission, et encore moins conduire au suicide, même si la réalité, précisément en raison du mal, de la souffrance et de la mort, paraît absurde. L'existence du mal et de la souffrance doit au contraire stimuler les efforts de "l'homme révolté", pour tenter inlassablement de supprimer cette "peste" ou du moins diminuer les injustices et les souffrances autour de lui. Il est du devoir de l'homme de mener ce combat sans jamais se décourager, à l'exemple de Sisyphe, personnage légendaire de la mythologie grecque, condamné par les dieux à remonter sans cesse au sommet d'une montagne un énorme rocher retombant à chaque fois qu'il arrivait en haut.

Certes, reconnaît très honnêtement Camus, même si les hommes réussissaient un jour à anéantir tous les maux qui dépendent d'eux, il resterait encore les souffrances liées à leur condition mortelle et limitée. Malgré les progrès prodigieux de la médecine, l'homme ne sera jamais totalement invulnérable, physiquement et psychologiquement. Il sera toujours confronté à la maladie et à la mort.

«L'homme peut maîtriser en lui tout ce qui doit l'être. Il doit réparer dans la création tout ce qui doit l'être. Après quoi, les enfants mourront toujours injustement, même dans la société parfaite... L'injustice et la souffrance demeureront, et, si limitées soient-elle, elles demeureront le scandale» (Camus, *L'homme révolté*, Gallimard, p. 374).

Ce combat contre le mal et la souffrance qui exige une *"folle générosité"* et un *"étrange amour"*, est donc, par certains côtés, perdu d'avance. Mais il ne faut pourtant jamais y renoncer car lui seul permet de diminuer le mal et la souffrance en nous et autour de nous. Ce combat doit être sans cesse le nôtre : il y va de notre dignité d'homme, de notre avenir et notre bonheur individuel, tout comme de la dignité, de l'avenir et du bonheur de l'humanité. *«La révolte prouve par là qu'elle est le mouvement même de la vie et qu'on ne peut la nier sans renoncer à vivre... Elle est donc fécondité ou elle n'est rien»* (Camus, ibid. p. 376).

*

Pour intéressantes qu'elles soient, ces diverses théories, à l'évidence, n'apportent pas d'explications réellement satisfaisantes à ce mystère du mal et de la souffrance. Est-ce cependant une raison suffissante pour démissionner et renoncer à aller plus loin ? Certainement pas pour le chrétien qui, à la suite de Jésus-Christ notamment, a une approche fort différente de ce mystère du mal et de la souffrance.

Une révolte légitime

Comme beaucoup, le chrétien, face au mal et à la souffrance, partage évidemment le sentiment de révolte de Camus. Contrairement à ce qu'on pense parfois, sa conviction que la souffrance et la mort n'auront pas le dernier mot, n'empêche pas le chrétien de souffrir comme les autres. Il lui arrive même parfois, lorsque la souffrance devient infernale, de pousser des plaintes amères, et presque blasphématoires, comme on en trouve dans le livre de Job et dans certains psaumes. Cette attitude est, humainement, parfaitement compréhensible. *«N'ayez pas peur de hurler contre Dieu, il peut encaisser»*, notait ainsi le Dr. Elisabeth Kübler-Ross.

«Devant la mort tragique d'un jeune de vingt ans tué stupidement dans un accident, va même jusqu'a affirmer Pierre Talec *il est légitime que la prière exprime le trouble du cœur de l'homme et qu'elle ne fasse qu'un avec le cri du psalmiste, le cri de tous ceux qui, dans la Bible, s'en prennent à Dieu. Avec eux nous disons : "Seigneur, tu te révèles comme le Dieu juste et bon, tu nous dis que tu es la Vie, que tu aimes la Vie, que tu donnes la Vie. Alors, regarde de quelle manière elle vient d'être enlevée à ce jeune. Saisis-tu dans quel état nous sommes ? À quoi penses-tu ? " C'est un acte de foi de se présenter devant Dieu tels que nous sommes, en lui criant notre désurroi»* (Pierre Talec, *Les choses de la foi,* le Centurion).

On peut d'ailleurs ajouter que si Dieu aime totalement celui qui, malgré la souffrance, lui reste fidèle, il n'aimera pas moins celui qui, écrasé, laminé par elle, se révolte contre lui. Ou alors ce ne serait plus un Dieu d'amour, et donc pas le Dieu de Jésus-Christ... et c'est finalement tout le sens des Béatitudes !

Mais, d'une part, à la différence de Camus, ce légitime sentiment de révolte contre le mal et la souffrance ne conduit pas le chrétien à la révolte contre Dieu, même si c'est bien *malgré* ce mal et cette souffrance qu'il affirme sa foi en lui. Et, d'autre part, sa révolte ne le conduit pas seulement, toujours comme Camus, à faire tout son possible pour tenter de les résorber. Elle débouche sur une espérance fantastique qui change totalement la nature de sa révolte, à savoir la conviction qu'il ressuscitera avec Jésus et connaîtra alors le bonheur parfait avec Dieu.

«Loué soit le nom du Seigneur ! »

Atteint d'un cancer que plus aucune technique médicale ne peut enrayer, le narrateur, un jeune homme révolté contre son milieu et la religion chrétienne qu'on lui a inculquée, exprime sa souffrance dans un bouleversant témoignage. À un moment, il prend violemment Dieu à partie en parodiant le livre de Job :

«L'Éternel répondit à Job du milieu de la tempête : ... N'ai-je pas créé le crocodile qui dépasse tout le reste en abomination ? Le crocodile ne peut-il pas mordre, égorger, estropier, mutiler, anéantir ? Comment en viens-tu à douter de mon autorité, alors que je suis le maître des abominations ?
Alors Job répondit à l'Éternel et dit : Tu as raison. Je reconnais que tu es le type le plus ignoble, le plus répugnant, le plus brutal, le plus pervers, le plus sadique et le plus écœurant du monde. Je reconnais que tu es un despote et un tyran et un potentat qui écrase et tue tout... Tu as inventé la Gestapo, le camp de concentration et la torture; je reconnais donc que tu es le plus grand et le plus fort. Loué soit le nom du Seigneur ! ». (F. Zorn, Mars, Gallimard, 1979, p. 193).

Ni punition de Dieu, ni signe de son amour

***«Qu'est-ce que j'ai pu faire au bon Dieu pour qu'il m'arrive cela ?»* Cette réflexion vient spontanément aux lèvres de nombreuses personnes lorsque le malheur les frappe, avec, en arrière-plan, ce dicton bien connu : *«Qui aime bien châtie bien»*.**

La vie est parfois accablante pour certains. Une sorte de fatalité funeste semble tellement les écraser, qu'on pourrait penser qu'ils sont marqués par un destin spécial.

Une vie marquée par le malheur

L'histoire de Pascal et de Martine est assez représentative de ces vies marquées par le malheur qui semble s'acharner sur eux. Après une petite enfance sans tendresse dans un foyer déchiré par l'alcoolisme, le chômage et la pauvreté, où il a survécu, tant bien que mal, dans un taudis innommable, Pascal est retiré à sa famille. Il se retrouve dans un foyer pour jeunes en difficulté où on ne lui accorde ni attention ni affection. Lucide et courageux, il réussit pourtant à s'en sortir. Il trouve du travail et se marie avec Martine. Elle aussi a eu une enfance et une adolescence difficiles. S'aimant vraiment l'un l'autre, et aidés par quelques amis, à force de volonté, ils réussissent, malgré bien des difficultés, à construire leur vie de couple et, bientôt, ils ont la joie de donner la vie à une petite fille ravissante, Rachel, pleine de vie et de santé.

Mais, deux mois après sa naissance, un matin, ils la trouvent morte dans son berceau, emportée durant la nuit par ce mystérieux "mal du nourrisson". Puis Pascal se retrouve au chômage. Martine a de graves ennuis de santé. Depuis ils survivent comme ils peuvent, déprimés et tentés par l'alcool. Totalement repliés sur eux-mêmes. Fermés à leurs amis. Après tant de coups du sort, trouveront-ils la force de s'en sortir ? Pourquoi Pascal et Martine ont-ils rencontré sur leur route tant d'épreuves et de souffrances ? Comment des vies peuvent-elles être marquées à ce point par le malheur ?

Cette triste réalité n'est malheureusement pas nouvelle, et un livre de la Bible, le livre de Job, avait déjà abordé ce mystère.

Job et la souffrance de l'innocent

Les Hébreux ont eu longtemps tendance à penser que la souffrance était une punition de Dieu. Mais en même temps qu'ils affirmaient cela, ils constataient que cette explication n'était guère satisfaisante car des hommes manifestement justes et bons étaient frappés par le malheur, alors que des hommes notoirement méchants et pervers connaissaient fortune et bonheur humain. D'où cette troublante question : si vraiment le malheur est une punition de Dieu, pourquoi donc l'innocent, le juste est-il, lui aussi, atteint par cette souffrance ? Ce douloureux et difficile problème du malheur innocent est précisément au cœur d'un livre de l'Ancien Testament dans la Bible : le livre de Job.

Les rédacteurs de ce livre, au 5e siècle avant J.-C., ont emprunté un conte ancien qui se trouve au départ et à la conclusion du livre actuel. Ce conte mettait en scène un riche et puissant propriétaire terrien à qui tout réussisait, le secret de son bonheur venant de ce qu'il était *"un homme intègre et droit qui craignait Dieu et se gardait du mal"* (Job 1,1). Selon les critères de l'époque, il avait donc tout ce qu'il fallait pour être parfaitement heureux.

Or, Dieu permit à Satan de l'éprouver. Job perdit alors successivement ses richesses et ses biens, sa famille et sa santé. Démuni de tout et gravement malade, il se retrouva à l'abandon. Mais bientôt, grâce à sa fidélité, il fut rétabli par Dieu dans tous ses biens. La morale du conte ancien était claire : Dieu finit toujours par récompenser les justes et punir les méchants : l'épreuve de Job était momentanée. C'est précisément pour mettre l'accent sur le côté manifestement erroné de cette conviction : Dieu finit toujours par récompenser matériellement les justes et punir les méchants, que les rédacteurs de ce livre de Job ont repris ce conte ancien en y introduisant de longs discours entre Job et ses amis. Ils y posent clairement la question du malheur innocent... sans pouvoir apporter de réponse autre que celle de la foi en Dieu malgré tout.

Les rédacteurs du livre de Job reprennent donc le récit initial au moment où Job, dépouillé de tout, crie son innocence. Ils inventent alors des amis qui viennent le trouver. Ce sont des représentants de l'explication traditionnelle. Ils considèrent le malheur de Job comme un châtiment de Dieu : si Job souffre, c'est qu'il a nécessairement fait le mal. Job proteste vigoureusement, clamant haut et fort son innocence : *«Bien loin de vous donner raison,* leur dit-il, *jusqu'à mon dernier souffle, je maintiendrai mon innocence. Je m'accroche à ma justice et ne lâche pas. En conscience, je n'ai pas à rougir de mes jours»* (27,5-6). Puis, Job se tourne vers Dieu et exige de le rencontrer pour être disculpé. Si Dieu est juste, pourquoi le fait-il souffrir ainsi ? Le personnage de Job a une foi absolue en Dieu. Il est persuadé qu'après sa mort, Dieu doit lui rendre justice, quitte à le faire surgir de la poussière (19,25-27).

La réponse de Dieu

Dieu intervient alors, prenant totalement le parti de Job qui proclame toujours son innocence et dénonçant violemment ses amis : *« Vous n'avez pas bien parlé de moi, contrairement à mon serviteur Job»* (42,8). Puis, sans apporter la moindre explication au mystère du mal et de la souffrance, il renvoie Job aux merveilles de sa création, avant de lui rendre la santé et de le rétablir dans ses biens.

Le retour final de Job à la prospérité, qui n'était manifestement qu'une manière d'effacer le scandale dans le premier récit, ne doit pas induire en erreur. En vérité les rédacteurs du livre de Job n'ont aucune explication à fournir sur le mystère proprement dit. Ils constatent seulement que la doctrine traditionnelle qui lie bonheur avec foi et malheur avec péché ne fonctionne pas, et que Dieu est avec l'homme dans sa souffrance.

Le Père Varillon analyse ainsi le premier point: «*Dans le livre de Job, vous avez à la fois la thèse du malheur-châtiment à laquelle croient les amis de Job, et la proclamation toujours reprise par Job de son innocence. Il est bien certain que Dieu n'est pas du côté des consolateurs de Job. Les amis de Job lui offrent des consolations qui ne sont absolument pas efficaces et qui sont plutôt insultantes à sa souffrance*».

Non, précise encore le Père Varillon, Dieu ne peut faire souffrir volontairement l'homme. Le mal et la souffance ne sont jamais des punitions de Dieu. «*Lorsque j'étais enfant, on me disait d'un homme qui revenait de tromper sa femme et qui était victime d'un accident de chemin de fer: "Ah! c'est la justice immanente de Dieu, c'est le châtiment, il l'a bien mérité". Je n'avais pas la répartie très vive mais, plus tard, je me suis dit : "Les accidents de la route ou de chemin de fer, au retour d'un pèlerinage à Lourdes, est-ce la justice divine ? Allons donc, la Providence n'est pas dans les freins de la voiture ou de la locomotive qui n'ont pas fonctionné. Il est facile de dire n'importe quoi et de faire intervenir Dieu dans l'histoire n'importe comment"*» (François Varillon, *Joie de croire, joie de vivre*, Le Centurion, p. 269).

Un autre enseignement très important se dégage également du livre de Job: la proximité de Dieu dans l'épreuve. En effet, lorsque Dieu, après un long silence, prend la parole, Job découvre qu'il n'était ni lointain ni indifférent. Encore moins méchant ou injuste. Non, contrairement à ce qu'il imaginait, Dieu était en vérité très proche de lui et attentif à sa vie. C'était bien le Dieu de l'Alliance, celui qui n'abandonne jamais l'homme, surtout lorsqu'il est malheureux. Job reconnaît son erreur initiale : «*Je te connaissais par ouï-dire, mais maintenant mes yeux t'ont vu*» (42,5). Le Dieu qu'il découvre maintenant est un Dieu d'amour. Dès lors, il est persuadé que, malgré le malheur et les souffrances, Dieu est toujours à ses côtés. Dieu ne plonge pas l'homme dans une épreuve en la désertant lui-même. Bien loin d'être impassible, le Dieu qui s'est révélé à Job apparaît au contraire comme un Dieu qui, par amour, accompagne l'homme dans ses souffrances.

Ainsi les auteurs de ce livre de Job pressentaient-ils déjà que Dieu est présent au cœur même de nos souffrances et qu'il s'associe à nos détresses. Cette nouvelle façon de voir les choses, nous le verrons plus loin, sera confirmée d'une façon éclatante par Jésus-Christ lui-même.

«Dieu éprouve ceux qu'il aime»

À l'inverse de cette conception, défendue par les contradicteurs de Job, affirmant que la souffrance est une punition de Dieu, on a eu parfois tendance à penser que la souffrance pouvait être un signe de son amour : "*Quand tu souffres, offre ta souffrance à Dieu en te disant qu'il éprouve tout particulièrement ceux qu'il aime et que ta souffrance est un signe privilégié de son amour pour toi. Continue à souffrir : lorsque Dieu éprouve ceux qu'il aime, ce n'est pas une épreuve, mais une grâce*".

Cette perspective est insupportable. Surtout pour le chrétien. Si en effet le Dieu auquel il croit est réellement un Dieu d'amour, comment imaginer qu'il puisse faire souffrir délibérément ceux qu'il aime ? Comment pourrait-il se réjouir de les voir souffrir ? À quelqu'un qui disait à un malade souffrant terriblement d'un cancer : *«C'est le signe que Dieu vous aime»*, le malade répondit avec violence - et beaucoup de justesse - : *«Dites-lui qu'il cesse de m'aimer ! »* Oui, on doit absolument refuser ce genre de propos scandaleux affirmant que le mal est "voulu" par Dieu... au nom même de son amour et pour le bien de l'homme.

Accepter cette explication est "*blasphématoire*" affirme catégoriquement le philosophe chrétien Maurice Nédoncelle. Comment, précise-t-il, peut-on imaginer "*un Dieu indifférent qui laisse le monde s'abîmer et souffrir, ou celle, pire encore, d'un spectateur suprême qui nous soumet à une épreuve pour contempler nos résistances et nos chutes et pour savourer en cette expérimentation une gloire d'un goût étrange. Un Dieu calculateur qui invente la séduction, puis la torture pour faire l'éducation des hommes : peut-on admettre que le vrai Dieu ait une technique aussi horrible... Nous ne pourrions appeler bon l'homme qui agirait insidieusement avec ses amis et qui les soumettrait à une telle indignité... Quelle que soit la solution de nos énigmes, elle ne peut être dans cette direction»* (M. Nédoncelle, *La réciprocité des consciences,* Aubier, p. 272-273).

Le refus du dolorisme

Cette conception «blasphématoire» d'un Dieu manifestant son amour aux hommes en les faisant souffrir, a engendré en outre un dangereux dolorisme, c'est-à-dire un amour plus ou moins morbide de la douleur et de la souffrance pour elles-mêmes.

Les chrétiens qui raisonnaient ainsi avaient, il est vrai, des excuses. Ils étaient influencés par la vie de nombreux saints qui recherchaient volontiers la souffrance, à l'exemple de sainte Thérèse de Lisieux qui affirmait : *«Je désirais beaucoup souffrir, et je suis exaucée. J'ai beaucoup souffert depuis plusieurs jours»*. Ils étaient également influencés par bien des écrits spirituels et de nombreux livres de théologie et de piété où l'on retrouvait abondamment de semblables propos. On en a un exemple tout à fait frappant dans un petit ouvrage d'un moine du 14e siècle, Thomas A. Kempis, *L'imitation de Jésus-Christ*, un ouvrage de spiritualité très célèbre et qui a toujours été très lu et médité dans l'Église. Dans un chapitre de ce livre au titre très évocateur : *«La voie royale de la sainte croix»* (II,12) Thomas Kempis donnait ce conseil: *«Sache, de science certaine, qu'il te faut absolument mener ta vie la mort au ventre.... Rien n'est plus salubre pour toi en ce monde, que de souffrir de plein gré pour le Christ.... S'il y avait pour l'homme quelque chose de meilleur et de plus utile que de souffrir, Jésus-Christ nous l'aurait appris par ses paroles et par son exemple... Lorsque tu en seras venu à trouver la souffrance douce et à l'aimer pour Jésus-Christ, alors estime-toi heureux parce que tu auras trouvé le paradis sur la terre».*

Pour l'essentiel, cette manière d'envisager les choses est due au fait qu'on présentait "en toute bonne foi" un visage de Dieu très différent de celui dont Jésus nous révèle l'immense compassion pour l'homme souffrant. On insistait plutôt, avec une excessive rigueur, sur le châtiment divin. Dieu apparaissait davantage comme un juge tout-puissant et d'une extrême sévérité, que comme un Dieu d'amour, comme un père. Il fallait tout faire pour apaiser son courroux. D'où ces dérives et cette «spiritualité de la souffrance» qui a été longtemps recommandée et largement pratiquée dans l'Église

En vérité, un tel Dieu ne pouvait que conforter le refus de nombre d'athées et laisser circonspects et hésitants beaucoup de croyants eux-mêmes ! *"Quand je vois la manière dont Dieu traite ses amis, je comprends qu'il en ait si peu».* Cette réflexion n'est-elle pas particulièrement appropriée, s'agissant de ce "Dieu sadique" qui, en aucun cas, ne saurait être celui des chrétiens ? Cependant, il faut le reconnaître, si on tenait volontiers ce discours doloriste dans l'Église, on n'hésitait pas, en même temps, à lutter de toutes ses forces contre la souffrance. Ainsi saint Vincent de Paul qui affirmait: *«L'état de souffrance est un bonheur car il sanctifie les âmes»*, écrivait aussi, le mettant en pratique avec l'énergie que l'on sait: *«L'amour ne peut demeurer oisif, il faut secourir le malade et l'assister autant qu'on peut dans ses nécessités et dans ses misères, et tâcher de l'en délivrer en tout ou en partie».*

La souffrance a-t-elle un sens ?

Il faut renoncer à trouver «le» sens de la souffrance. Par elle-même, elle n'a aucun sens. En soi, elle est absurde. Il n'y a donc jamais de «sens de la souffrance» en tant que tel. Il y a seulement l'attitude de celui qui souffre et qui cherche, difficilement, douloureusement, à «donner sens» comme il le peut à ce qu'il vit de douloureux, de révoltant, d'incompréhensible.

Face à la souffrance qui submerge, la question n'est pas de savoir quel est le sens de cette souffrance, mais plutôt s'il est possible, malgré le non-sens qu'elle y fait pénétrer, de donner sens à sa vie.

Il est clair qu'on doit refuser avec la plus extrême fermeté cette idée que Dieu puisse aimer la souffrance. Cela ne saurait lui plaire en quoi que ce soit. Raison pour laquelle le Concile Vatican II (1962-1965) a clairement rejeté le dolorisme en montrant que cette perspective était tout à fait contraire à l'Évangile.

Peut-on «offrir» sa souffrance à Dieu ?

Pour cette même raison, il est préférable d'éviter de dire qu'il faut «offrir» sa souffrance à Dieu. Certes, on voit bien ce qu'il peut y avoir de vrai, et même de beau, dans cette attitude d'offrande du croyant affronté à la souffrance. Mais comment faire cadeau à Dieu de ce qui abîme, défigure, détruit, déshumanise? Si Dieu l'acceptait, il serait à l'opposé de ce que nous en a révélé Jésus-Christ.

À l'image de Jésus, le chrétien est invité à vivre le moins mal possible la souffrance lorsqu'il ne peut s'y soustraire. Mais il ne peut l'offrir en tant que telle à Dieu. Ce qu'il peut «offrir» à Dieu, en revanche, ce sont les efforts qu'il fait pour tenter de surmonter la douleur et le désarroi, l'amour qu'il conserve malgré tout, voire malgré les chutes et les révoltes, en Lui. *«Le Christ n'a pas offert ses souffrances à son Père, il lui a offert ce qu'il devenait dans ces souffrances : un être qui allait, comme dit si bien saint Jean, jusqu'au bout de l'amour, jusqu'à ces sommets d'amour qui nous sauvaient»* (André Sève, cité par M. Neusch, *Le mal*, Centurion/La Croix, 1990, p. 88).

Toute époque véhicule de fausses idées. La nôtre aussi. Mais ces idées n'apparaissent pas toujours fausses sur le moment. L'épreuve du temps et l'approfondissement constant de la Parole de Dieu, lue et relue en Église, sont nécessaires pour reconnaître ces erreurs ou ces dérives.

Dieu veut le bonheur des hommes

D'après le témoignage de la Bible, le Dieu auquel croient les chrétiens est un Dieu d'amour et un Dieu libérateur. Il poursuit son alliance avec les hommes, leur proposant, sans jamais se lasser, son salut. Dieu souhaite, avant tout, le bonheur des hommes. Jésus, dans les évangiles, ne cesse de nous répéter que Dieu nous aime d'un amour fou... et que nous sommes créés pour que nous ayons la vie en abondance et que nous connaissions le maximum de bonheur et de joie : «*Je suis venu pour que vous ayez la vie en abondance... et ma joie, nul ne pourra vous la ravir*» (Jean 10,10 et 16,22).

Par leur méditation de la Bible, les chrétiens retracent ces contours du visage de Dieu parfois quelque peu effacés. Ce témoignage d'un groupe d'Indiens du Paraguay rejoint l'expérience de chrétiens de nombreux autres pays (cf. I.C.I. n° 535) :

«Autrefois, on croyait que toutes nos souffrances étaient des épreuves envoyées par Dieu, qu'il fallait les supporter et même les offrir pour la gloire de Dieu et notre sanctification. Nous allions jusqu'à les supporter avec ferveur et avec joie, alors qu'elles allaient contre notre vie et celle de notre famille. Combien de fois avons-nous enterré nos enfants avec résignation parce qu'on croyait que Dieu voulait en faire des anges dans le ciel! Combien de fois sommes-nous tombés de faim dans nos maisons et nous l'avons offert à Dieu!... Toutes ces idées étaient entrées dans la chair de notre peuple depuis longtemps et elles ont été transmises par nos parents. Les prêtres ne disaient pas le contraire. Mais, la Bible en main, certains de nos frères ont commencé à découvrir un autre visage de Dieu. Un Dieu juste et bon. Ils découvrent et commencent

La maladie serait-elle une punition de Dieu ?

Cette question a été posée à Jésus lors de la guérison d'un aveugle de naissance. À la question de ses disciples : «*Rabbi, qui a péché pour qu'il soit né aveugle, lui ou ses parents ?*» Jésus répond sans la moindre ambiguïté : «*Ni lui, ni ses parents*» (Jean 9,2-3). Cet aveugle-né n'a fait aucune faute qui aurait entraîné une quelconque punition divine. Jésus refuse clairement de faire de la maladie une punition d'un péché du malade.

à faire savoir que Dieu ne veut pas que l'homme souffre. Il veut la justice, l'amour entre les hommes... le bonheur de l'homme. Nous avons commencé sur cette base, accompagnés par certains prêtres, à pratiquer la vie d'amour fraternel en sachant que Dieu n'était pas le responsable de nos malheurs et de nos souffrances».

Ce témoignage le montre parfaitement : Dieu ne peut être, en quoi que ce soit, l'auteur de tout ce qui amoindrit l'homme et le fait souffrir en provoquant en lui douleurs, angoisses, déchirements, épreuves physiques ou morales. Au contraire, Dieu veut, d'abord et avant tout, son bonheur. Ce n'est donc certainement pas dans cette direction, la souffrance imposée par Dieu comme châtiment ou signe de son amour, qu'il faut chercher, si on veut tenter d'approcher ce mystère en véritable disciple du Christ.

Ne jamais rechercher la souffrance

La souffrance n'a, en elle-même, aucune valeur. Aussi ne doit-on jamais la rechercher ou la désirer en quoi que ce soit. *"La douleur ne peut jamais être une chose que l'on convoite. C'est, ce doit être seulement une chose qu'on accepte... On la reçoit, on ne la recherche pas"* (G. Duhamel).

Il faut même, lorsqu'on le peut, tout faire pour la supprimer. C'est, par exemple, au nom de ce principe que Pie XII, en 1957, s'adressant à un congrès de médecins, déclarait fermement : *«Dieu n'a pas défendu aux hommes de rechercher, d'utiliser toutes les richesses de la création pour alléger le travail, la fatigue, la douleur, la maladie, la mort. Dieu n'a pas défendu aux mères d'utiliser les moyens qui rendent l'accouchement plus facile et moins douloureux».* Il ajoutait également, condamnant par là même l'acharnement thérapeutique, qu'il était tout aussi légitime d'utiliser des analgésiques puissants pour soulager les souffrances des malades en phase terminale, même au risque d'abréger leur vie (Cf. *L'Action Religieuse dans le Monde*, n° 75, p. 21-29).

Le chrétien face au mystère

Le christianisme propose un certain nombre d'éléments de réflexion de toute première importance pour aborder ce «mystère» du mal et de la souffrance.

Sans proposer de solutions définitives sur la question, il propose des pistes qui peuvent permettre d'y voir un peu plus clair. Et cela sur les deux aspects du mal et de la souffrance dont nous avons parlé plus haut: le mal existentiel, et le mal dû à la liberté de l'homme (voir ci-dessus, p. 13). Nous allons commencer par le second point : le mal dû à la liberté de l'homme.

Le mystère de la liberté de l'homme

L'homme est souvent responsable du mal qui submerge le monde. Inconscience, imprudence, méchanceté, faiblesse, désir de nuire ou de se venger, bêtise, égoïsme... De multiples raisons peuvent expliquer les accidents de la route, les guerres meurtrières, la faim et la misère de centaines de millions d'hommes dans le monde, le chômage, la détresse et la solitude de tant de gens autour de nous.

Ici, on peut relativement comprendre l'«impuissance» de Dieu : il a créé l'homme libre. Par amour et par respect pour lui, il le laisse utiliser à sa guise cette liberté. Dieu, de ce point de vue, ne s'immisce pas dans les affaires des hommes... même s'il y est par ailleurs extraordinairement attentif, puisqu'il les aime tous comme un père. Mais un père très respectueux de la liberté de ses enfants, raison pour laquelle il est impuissant devant le mal provoqué par l'homme lui-même. Il s'agit de ce qu'on pourrait tout simplement appeler : "la toute-puissance de l'amour".

Si en effet l'image que Jésus nous donne de Dieu est bien celle du Dieu Tout-Puissant, cette toute-puissance n'a rien à voir avec ce que nous imaginons spontanément. Le Dieu que nous révèle Jésus-Christ n'est ni un magicien ni un surhomme réglant, seul et à sa convenance, tous les problèmes des hommes pour leur plus grand bien. Ce n'est pas un tyran, mais un Dieu d'amour. Un Dieu qui respecte infiniment les hommes et leur liberté. Un Dieu dont la toute puissance est celle de l'amour.

Le péché originel

Cependant, le fait que l'homme soit lui-même responsable, directement ou indirectement, d'une bonne partie du mal que nous constatons dans le monde, n'explique pas tout. Certes, la méchanceté, la bêtise, la lâcheté, l'ignorance sont loin d'être négligeables, et il n'est pas question de dédouaner l'homme de sa responsabilité propre. Mais en même temps il y a en lui une sorte de force obscure qui le pousse parfois à vouloir et à faire le mal délibérément, de manière quelquefois forcenée, comme en témoignent les scènes de barbarie que nous montrent malheureusement trop souvent les médias.

D'où vient, en nous, cette force obscure, cette espèce de pesanteur toujours prête à nous porter au mal ainsi que le remarquait saint Paul: *«Le bien que je veux, je ne le fais pas, et le mal que je ne veux pas, je le fais»* ? (Épitre aux Romains 7,19).

Pour expliquer l'enracinement en l'homme de cette capacité et de cette volonté de faire le mal, les théologiens parlent de «péché originel». Cette expression, ne se trouve ni dans la Bible ni dans le «Credo». Elle est apparue au 4e siècle, avec saint Augustin, qui l'a utilisée pour désigner le péché auquel fait allusion le livre de la Genèse dans la Bible (Genèse 3,16-19) et dont se seraient rendus coupables, aux origines de l'humanité, les personnages appelés Adam et Ève.

La capacité à faire le mal est en tout homme

Que signifie exactement cette expression «péché originel» ? On s'accorde à penser aujourd'hui qu'elle ne peut pas désigner ce péché qu'auraient commis Adam et Ève aux origines de l'humanité. Et cela pour au moins trois raisons.

Tout d'abord les récits qui nous racontent l'histoire d'Adam et Ève et leur chute, au chapitre 3 du livre de la Genèse, dans la Bible, sont des récits symboliques. On sait parfaitement aujourd'hui que l'homme est le fruit d'une évolution et qu'il n'a jamais connu, aux origines, un paradis dont il aurait été chassé à la suite de cette faute initiale.

Ensuite, à supposer qu'Adam et Ève aient existé, il aurait été profondément injuste que tous leurs descendants paient pour leur faute «originelle». Si cette solution a l'avantage d'innocenter Dieu du mal, elle en fait en revanche le responsable de la pire des injustices, puisque tous les autres hommes innocents devraient payer toute leur vie pour ces deux coupables. Cet effroyable châtiment, monstrueusement inique, n'aurait pu être le fait que d'un Dieu singulièrement arbitraire et sadique. Un Dieu qui ne pourrait qu'engendrer l'athéisme et qui ne saurait être, en quoi que ce soit, le Dieu d'amour dont parle Jésus.

Enfin, et ce dernier point est loin d'être le moins important, en chargeant Adam et Ève de cette responsabilité écrasante du péché originel et de ses conséquences, on supprime par là même la véritable responsabilité de tous les autres hommes. Leur inclination au mal et au péché serait davantage due à Adam et Ève eux-mêmes qu'à leurs propres choix.

Pour toutes ces raisons, on ne peut plus faire la même interprétation qu'autrefois de ce récit de la chute. Mais qu'on ne puisse pas le prendre «au pied de la lettre» ne signifie pas qu'il n'ait pas d'intérêt pour nous. Au contraire, car, en laissant de côté toutè lecture fondamentaliste pour s'intéresser à sa signification symbolique, sa très grande richesse spirituelle se dévoile beaucoup mieux. Le but principal du récit de la chute originelle est de souligner que la capacité de faire le mal est en tout homme. Cette interprétation est justifiée par l'étymologie même du mot "Adam" qui souligne cette universalité. En hébreu, en effet, ce mot "Adam", est un nom commun qui signifie "homme" : on le retrouve 539 fois à travers la Bible au sens collectif d'"homme", et plus précisément même de "terreux", parce que tiré de la terre. Le mot "Ève" est également un nom commun qui veut dire "la vivante", la "mère".

Ce récit veut simplement souligner que la capacité de faire le mal, de pécher, est en tout homme depuis les origines. Mais si cette signification est claire, cela ne nous dit pas **pourquoi** cette capacité de faire le mal est, par nature, en tout homme. Nous n'en savons toujours pas plus sur ce point. Comme le note le Père Varillon: *« le péché originel n'est pas du tout une explication de l'origine du mal»* (F. Varillon, *Joie de croire, joie de vivre*, p. 271).

Satan

Devant la prolifération tragique du mal et de la souffrance dans notre monde, les auteurs bibliques avaient coutume d'utiliser l'image de l'ange déchu, Satan, pour expliquer leur conviction que le mal dépasse l'homme, même si souvent il en est lui-même directement responsable.

Dans la Bible, on voit donc apparaître Satan dès le début, dans les premiers chapitres du livre de la Genèse. Ensuite on le voit revenir en particulier dans le livre de Job, et très fréquemment dans le Nouveau Testament où il est toujours présenté comme l'adversaire, celui qui se bat contre Dieu et cherche à entraver le travail de l'Esprit.

Nul chrétien ne saurait contester cette réalité. Mais, là encore, comme pour le péché originel, on doit essayer de bien voir ce qui se cache sous ce mot "Satan". S'agit-il d'un être personnel ou d'une symbolisation des forces mauvaises et destructrices qui sont en nous?

Une puissance de l'ombre

Le recours à Satan en tant qu'être personnel a l'avantage de disculper Dieu du mal et, dans une certaine mesure, l'homme qui pourrait, au moins en partie, imputer à cet être perverti le mal qu'il commet. Mais cela pose tellement de problèmes par ailleurs que nombre de théologiens, aujourd'hui, préfèrent voir en Satan la symbolisation de cette capacité à faire le mal qui est en nous.

Cette conception d'un ange déchu incitant l'homme au mal risquerait en effet, tout d'abord, de conduire assez facilement au manichéisme, avec un «dieu du bien» et un «dieu du mal». Si, ensuite, Satan est une créature de Dieu, ce dernier se retrouverait finalement responsable du mal dans la mesure où il serait le créateur de Satan ! Enfin, si Satan était un "esprit" infiniment supérieur à l'homme, le mal prendrait finalement, pour ce dernier, le visage d'une fatalité : c'est Satan qui nous pousserait, plus ou moins contre notre volonté propre, à faire le mal. Or, la Bible et la foi chrétienne ont toujours refusé cet alibi trop facile : c'est l'homme qui est lui-même responsable du bien comme du mal qu'il fait.

Pour toutes ces raisons, beaucoup de théologiens pensent actuellement que "Satan" est plutôt une manière symbolique d'exprimer cette pesanteur qui est en nous et qui nous conduit à utiliser notre liberté d'une façon perverse. Cela dit, qu'ils voient en Satan un être personnel ou une symbolisation du mal, tous sont d'accord pour affirmer que cette puissance de l'ombre qui oppose et divise, qui incite au mal et au péché, est bel et bien en nous.

Mais pourquoi cette puissance maléfique est-elle en nous ? À cette question, nulle réponse. Nous n'en savons rien. Là encore, nous nous retrouvons face au mystère. Nous constatons cette pesanteur terrible en nous, cette capacité à faire le mal et à pécher, mais nous ignorons pourquoi elle est en nous. Aussi, tout comme pour le péché originel, nous constatons que Satan n'est pas non plus une explication de l'origine du mal.

Pourquoi Dieu n'intervient-il pas ?

Si le péché originel et Satan n'expliquent pas la présence de cette capacité à faire le mal qui est en nous, il n'en reste pas moins qu'elle y est bel et bien. Et la question, dès lors, rebondit : pourquoi Dieu, s'il est vraiment bon et s'il est vraiment le créateur du monde, n'a-t-il rien fait pour que notre liberté soit plus spontanément orientée vers le bien que vers le mal ?

Dès le départ, si on peut dire, il devait bien se douter que les hommes, poussés par cette force obscure qui est en eux, useraient mal de leur liberté, et provoqueraient des drames et des souffrances épouvantables et malheureusement innombrables. Pourquoi alors a-t-il cependant pris le risque de créer l'homme ? Ou, tout au moins, pourquoi n'intervient-il pas plus directement pour l'«éduquer à la liberté», en le reprenant et en le corrigeant afin de l'orienter d'une façon plus satisfaisante ?

Pourquoi n'intervient-il pas parfois, malgré son immense respect pour la liberté de l'homme, lorsque les choses dégénèrent d'une façon vraiment atroce, pour «modérer» un peu le déferlement de la violence? Après tout, il y a bien dans la société des instances, la Justice par exemple, chargées de ce travail de régulation. Lorsque des parents voient leurs enfants qui se chamaillent vivement, voire violemment ou méchamment, n'interviennent-ils pas pour «limiter la casse» et, au besoin, défendre les plus faibles ? Puisque nous sommes ses enfants, pourquoi Dieu n'intervient-il pas ainsi ? En refusant d'intervenir, ne serait-il pas responsable du mal que nous faisons, au même titre que les parents peuvent éventuellement être tenus pour responsables des méfaits causés par leurs enfants?

À la limite, on pourrait même aller jusqu'à dire qu'en respectant totalement la liberté de celui qui violente autrui, Dieu se rend objectivement complice de cette violence. En ne se portant pas au secours de l'agressé, il pourrait être accusé de «non-assistance à personne en danger», et tenu pour responsable, au moins en partie, de sa souffrance.

Jusqu'au bout de la liberté

Les réponses à ces diverses questions appartiennent évidemment à Dieu seul. Tout ce qu'on peut faire, c'est avancer quelques éléments de réflexion permettant, peut-être, d'entrer un peu plus avant dans ce mystère... sans jamais le percer, cela va sans dire.

Tout d'abord, puisqu'on compare Dieu à un Père, on pourrait dire qu'il en va un peu de lui comme des parents qui mettent au monde des enfants. Ils savent bien que, malheureusement, ces derniers seront affrontés un jour ou l'autre, et parfois de façon dramatique, au mal, à la souffrance et à la mort. Cela ne les empêche pas de donner la vie.

En outre, on peut se demander si Dieu sait effectivement à l'avance tout ce que nous allons faire. De plus en plus de théologiens aujourd'hui pensent que Dieu ne connaît pas notre avenir personnel et collectif. Comme le dit l'un d'entre eux, Henri Bourgeois, *«Dieu ne saurait porter en lui une prévision de notre avenir, une vision anticipée et plénière de notre futur»* (H. Bourgeois, *Revoir nos idées sur Dieu*, p. 74). En ce cas, on ne pourrait reprocher à Dieu d'avoir créé l'homme puisqu'il ignorait à l'avance que leur histoire serait un si long cortège de maux et de misères.

Ensuite, on peut penser que si Dieu refuse d'intervenir directement dans l'histoire des hommes, c'est pour respecter jusqu'au bout leur liberté envers et contre tout. Il a créé les hommes totalement libres, et il entend les laisser faire. Quoi qu'il arrive.

Le mystère du mal "existentiel"

Si l'on peut encore arriver à comprendre "l'impuissance" de Dieu face à tous les maux dont l'homme est responsable par respect pour sa liberté, en revanche, on ne comprend plus du tout cette "impuissance" lorsqu'il s'agit du mal "existentiel" lié à la condition naturelle de l'homme : en particulier la mort et ce "malheur innocent" de tant d'enfants handicapés à la naissance.

Certes, l'homme créé par Dieu est un être fragile. C'est un être en devenir, et toute évolution comporte des risques et, parfois, des souffrances. Nous le savons par expérience, une certaine forme de douleur accompagne nécessairement le développement de toute vie humaine. Pour vivre, l'enfant doit d'abord sortir du ventre maternel où il était si bien, ce qui ne va pas sans souffrances. Plus tard, il devra s'arracher à la sécurité du foyer familial pour entrer dans la société des enfants, puis dans celle des adultes, ce qui, là encore, ne se fera pas sans mal. Toute vie humaine est ainsi faite d'arrachements plus ou moins douloureux. De ce point de vue, comme l'observait Denis Vasse, *«une vie sans souffrances, sans la vivante référence à la mort que toute souffrance implique, serait une vie de rêve, irréelle, sans poids»*. Cette évidente constatation fait se poser sans cesse la même question, toujours lancinante : pourquoi Dieu, qui est tout amour, n'a pas fait en sorte que cela se passe "en douceur" ?

Cette même question ressurgit à nouveau lorsqu'on pense aux souffrances liées aux phénomènes "naturels" comme les tremblements de terre ou les cataclysmes qui menacent si souvent l'homme dans son existence ou dans celle de ses proches. Pourquoi toutes ces maladies "naturelles" et ces épidémies qui ont décimé les populations, dans des conditons souvent dramatiques et horribles, au cours des siècles ? Pourquoi, aujourd'hui, le sida ?

Dans certains cas l'homme peut être plus ou moins responsable. Il pourrait par exemple éviter - au moins dans l'idéal, car concrètement il en va souvent autrement - d'habiter les zones à risque. Il peut aussi acquérir une hygiène de vie qui limite les risques de maladies, tout en continuant, sans relâche, à développer les techniques médicales pour les prévenir ou les enrayer. Mais, même en étant extrêmement prudent, il ne pourra malheureusement jamais vaincre totalement toutes les souffrances dûes à des causes "naturelles".

Aussi peut-on peut légitimement s'étonner que Dieu, s'il est vraiment parfaitement bon et tout-puissant, n'ait pas pu "prévoir' les choses autrement. Pourquoi n'a-t-il pas fait en sorte que nous puissions échapper à ces multiples douleurs et souffrances "naturelles" qui nous assaillent trop souvent, en nous laissant un goût amer d'injustice et de révolte. Pourquoi donc le progrès des êtres vivant dans ce monde implique-t-il autant de souffrances et surtout la mort ?

Autant de questions essentielles qui surgissent à propos du mal dit "existentiel", et auxquelles, y compris dans la religion chrétienne, on ne peut apporter de réponses vraiment satisfaisantes...

Pour le chrétien, un modèle : le Christ

À ce stade de la réflexion, plusieurs constatations s'imposent. Tout d'abord, y compris en faisant appel à la foi chrétienne, nous ne comprenons toujours pas très bien pourquoi l'homme est capable de vouloir et de faire le mal avec une rage parfois déroutante. Certes, le recours au péché originel et à Satan met bien en lumière le fait que ce pouvoir de faire le mal se trouve en chaque homme, mais il n'explique pas vraiment pourquoi il s'y trouve. Ensuite, nous ne comprenons pas beaucoup mieux les raisons de la présence du "mal existentiel" dans le monde et dans nos vies.

Cela signifie-t-il que le chrétien soit, lui aussi, totalement réduit à l'impuissance face à ces tragiques réalités ? Pas tout à fait, car, avec Jésus-Christ, lui-même durement affronté au mal, à la souffrance et à la mort, le chrétien a un modèle à suivre. Comme Jésus, il sait que Dieu est toujours à ses côtés dans sa souffrance. Comme Jésus, il sait qu'il ressuscitera plus tard et qu'avec Dieu, il connaîtra un bonheur parfait et sans partage.

Il s'agit là d'une perspective qui n'est pas facile à accepter, car elle s'appuie exclusivement sur ce qui constitue le cœur du christianisme : la mort et la résurrection du Christ.

Où est-il ton Dieu ?

«(Il y avait dans le camp) un jeune enfant, un «pipel» comme on les appelait... Un jour que nous revenions du travail, nous vîmes trois potences dressées sur la place d'appel, trois corbeaux noirs. Appel. Les SS autour de nous, les mitrailleuses braquées : la cérémonie traditionnelle. Trois condamnés enchaînés, et, parmi eux, le petit pipel... Le chef de camp lut le verdict. Tous les yeux étaient fixés sur l'enfant. Il était livide, presque calme, se mordant les lèvres. L'ombre de la potence le recouvrait... Les trois condamnés montèrent ensemble sur leurs chaises... Les trois cous furent introduits en même temps dans les nœuds coulants...

- Où est le bon Dieu, où est-il ? demanda quelqu'un derrière moi.

Sur un signe du chef de camp, les trois chaises basculèrent...

Les deux adultes ne vivaient plus... Mais la troisième corde n'était pas immobile : si léger, l'enfant vivait encore... Plus d'une demi-heure, il resta ainsi à lutter entre la vie et la mort, agonisant sous nos yeux. Et nous devions le regarder bien en face.

Derrière moi j'entendis le même homme demander :

- Où donc est Dieu ?

Et j'entendis en moi une voix qui lui répondit :

- Où il est ? Le voici : il est pendu ici, à cette potence.»

Élie Wiesel, *La Nuit*, éditions de Minuit, 1958, p. 102-105.

De la croix à la résurrection

Jésus ne répondra pas à la question du mal et de la souffrance en avançant des idées ou des théories. Il ne proposera jamais d'explications rationnelles. Il y répondra concrètement, en ne cessant de se battre contre le mal et la souffrance jusqu'à en mourir sur la croix. Il y répondra également - et peut-être surtout - par sa résurrection, signe de notre propre résurrection.

Jésus n'explique pas la présence du mal et de la souffrance en nous et autour de nous. Comme le dit Jean Delumeau : «*La Révélation ne résout aucun mystère sur ce troublant mystère (du mal). Elle m'invite au contraire à m'incliner comme Job devant une réalité qui échappe à toute explication et à toute justification. Elle constitue donc une terrible leçon d'humilité puisqu'elle m'oblige à avouer mon ignorance fondamentale et irréductible sur un élément essentiel de notre condition... (Mais en même temps) elle m'enseigne qu'il faut poser ensemble des données qui, à nos yeux, sont contradictoires entre elles. Dieu est bon, mais le mal est là... Ainsi le mystère subsiste pleinement. Il est posé devant nous, à la manière d'un sommet inaccessible, mais pointé vers l'espérance*» (Jean Delumeau, *Ce que je crois*, Paris, Grasset, 1985, pages 80-81).

Cette espérance, pour le chrétien, passe donc par la croix du Christ et sa résurrection.

La croix de Jésus, révélation de Dieu

À défaut d'expliquer le mal et la souffrance et d'en donner directement le sens, la croix du Christ, «*scandale pour les Juifs et folie pour les païens*» dira saint Paul dans sa première épître aux

Corinthiens (1,23), n'en n'a pas moins une signification essentielle : elle est révélation de Dieu.

La croix de Jésus nous apporte en effet la certitude que Dieu est avec nous. Il a pris, avec son Fils, notre parti au point de partager notre condition humaine jusque dans ses limites les plus ténébreuses. *«Quand je regarde l'homme Dieu agonisant au jardin des Oliviers et cloué sur la croix, je saisis que Dieu n'est pas indifférent à nos souffrances, mais qu'il est partie prenante, avec nous, dans cette affaire. Il est là, pour nous comprendre et nous aider. Alors, je suis amené à vivre ma propre souffrance non pas comme une révolte contre lui, mais avec lui, comme une espérance. Je me sens invité à être, comme lui, solidaire de celui qui souffre, en portant avec lui sa souffrance»* (Jean Laborrier, *Un aumônier à l'hôpital*, éditions Nouvelle Cité). Avec Jésus, pour reprendre la belle remarque de Claudel, *«Dieu n'est pas venu supprimer la souffrance, il n'est même pas venu l'expliquer, il est venu la remplir de sa présence»*.

Mais cet accompagnement de Dieu dans nos souffrances ne s'arrête pas là. Révélation de Dieu, la croix du Christ est aussi pour le croyant un appel à lutter, comme Jésus, de toutes ses forces contre le mal et la souffrance en lui et autour de lui : *"Le Christ dénonce le mal, se révolte contre lui... Il n'en clarifie pas l'origine, mais il en indique l'issue. Une issue qui ne va pas sans combat. À l'excès du mal, qui envahit le monde et menace de submerger l'homme, il répond en révélant un Dieu qui, par un excès dans l'amour, est engagé contre le mal"* (Marcel Neusch, *Aujourd'hui Dieu*, p. 111). Bien loin d'être un signe de résignation ou de défaitisme, la croix du Christ est au contraire le signe de la lutte ardente et incessante contre tous les maux et toutes les souffrances. Elle est une étape avant la résurrection et le bonheur infini que Dieu souhaite pour tous les hommes. Elle est signe de libération : elle est rédemptrice.

Une souffrance rédemptrice

Le mot "rédemption" signifie "action de racheter". À l'origine, il désignait un geste de solidarité en usage dans les sociétés patriarcales des temps bibliques. Lorsque, par imprudence ou par malchance, un homme avait aliéné ses biens, un "rédempteur" pouvait se présenter et décider de "racheter" les biens du malheureux afin de les lui rendre. Celui qui prenait l'initiative de ce geste le faisait gratuitement, sans souci de réciprocité, et celui qui recouvrait ainsi ses biens n'avait finalement aucun mérite dans cet heureux dénouement.

L'idée de rédemption est donc liée, à l'origine, à l'idée de rachat. Ainsi, sans autre raison que son amour et par fidélité à sa promesse et à l'Alliance passée avec lui, Dieu a-t-il "racheté" son peuple esclave en Égypte. Ce faisant, il a mis fin à son oppression avant de le conduire vers la liberté. Ce thème de l'Alliance et de la libération revient tout au long de la Bible, et c'est lui qui a amené à appliquer à Dieu le mot "Rédempteur". Un mot qui, au départ, évoquait donc l'amour gratuit de Dieu, sa fidélité à toute épreuve, son désir de délivrer l'homme de la souffrance et de l'esclavage.

Cette Alliance a été renouvelée en Jésus-Christ. Par sa mort sur la croix, il est devenu notre "rédempteur". Il a racheté les hommes. Mais ce rachat, cette "rédemption" n'a rien à voir avec une vengeance de Dieu. La passion et la mort de Jésus ne sont pas du tout des sacrifices nécessaires pour apaiser son courroux.

Elles doivent être replacées dans la logique et la continuité de la vie de Jésus telle que nous la racontent les évangiles. Jésus a mené une existence prophétique. S'il a été condamné à mort et exécuté, c'est parce que sa vie, son message, son enseignement et ses initiatives l'ont mis en opposition avec les pouvoirs politiques et religieux établis à cette époque en Palestine. Il devenait trop gênant pour ses ennemis qui décidèrent de le supprimer.

Jésus n'est donc pas mort pour "satisfaire" aux désirs d'un Dieu vengeur, mais pour venir en aide aux hommes et les aider à se libérer de toutes leurs entraves. Cette mission, il l'a accomplie jusqu'au bout, dans une fidélité totale à son Père et en constante solidarité avec les hommes. Par cette fidélité et cette solidarité qui l'ont conduit jusqu'à la mort sur la croix, Jésus a renouvelé l'Alliance que

Dieu avait passée avec le peuple hébreu, ouvrant définitivement à tous les hommes la possibilité d'être sauvés.

Il s'agit d'un mystère d'amour et non d'une "dette" à payer. Par amour, il a voulu être un homme comme les autres, partageant leurs souffrances et leurs angoisses. Par amour, cet homme, qui était également le Fils de Dieu, n'a pas hésité à poursuivre jusqu'à la mort la mission de libération des hommes que son Père lui avait confiée.

Comme nous, il a été affronté à la souffrance

Homme parmi les hommes, Jésus a été lui-même affronté au mal, comme chacun de nous. Il a connu la souffrance, l'amertume de l'échec, l'impuissance à convaincre et à atteindre les cœurs. Ainsi lorsqu'après avoir parlé du *«pain de vie»* (Jean 6), de nombreux disciples le quittèrent. Jésus a également connu la cruauté des séparations : à la mort de son ami Lazare, il pleura.

Il a aussi connu l'angoisse, avant d'entrer dans sa passion. Au point de dire à Dieu : *«Père, s'il est possible, que ce calice s'éloigne de moi»*. Dans son agonie, il n'a pas affronté la mort en stoïcien, impassiblement. Non, il a eu réellement peur. La sueur de sang dont nous parle Luc (22,44) le montre bien. Enfin Jésus est mort, cloué sur une croix, dans une effroyable solitude, après avoir enduré de terribles souffrances physiques et morales, se demandant si son Père était toujours à ses côtés : *«Mon Dieu, mon Dieu, pourquoi m'as-tu abandonné?»* (Marc 15, 34). Mais il n'a jamais cédé au désespoir. Il s'est battu sa vie durant pour vaincre tout mal et toute souffrance. Il en est même mort. Et cela au nom de son amour et de l'amour de Dieu son Père pour tous les hommes.

Le combat de Jésus

Jésus a constamment invité ses disciples à poursuivre, à leur tour, cette œuvre de libération. À un tel point, qu'on peut se demander comment la tradition chrétienne a pu, au long des siècles, affirmer que Jésus avait prêché la résignation face au mal et à la souffrance, voire plus ou moins loué les bienfaits de cette dernière. Cela est tout à fait étrange, car les évangélistes affirment exactement le contraire ! Ils ne cessent de nous montrer que Jésus, sur terre, s'est systématiquement placé aux côtés de l'homme dans son combat contre le mal et la souffrance.

Dans les évangiles, on le voit constamment guérir, consoler, pardonner, ressusciter. Une scène est particulièrement caractéristique. Des envoyés de Jean-Baptiste viennent trouver Jésus pour lui demander s'il était bien "celui qui doit venir". Jésus répond en agissant : *«À ce moment-là,* note en effet l'évangéliste, *il guérit beaucoup de gens affligés de maladies, d'infirmités, d'esprits malins, et il rendit le don de la vue à beaucoup d'aveugles. Puis il répondit aux envoyés : "Allez rapporter à Jean ce que vous avez vu et entendu : les aveugles voient, les boiteux marchent, les lépreux sont guéris, les sourds entendent, les morts ressuscitent, la bonne nouvelle est annoncée aux pauvres"»* (Luc 7,20-22).

Les évangiles sont remplis de paroles parfois très vives de Jésus exprimant sa révolte contre certaines pratiques, certains agissements de ses contemporains. L'injustice, le mensonge, l'hypocrisie et la bonne conscience le révoltaient particulièrement. Tout comme l'indifférence devant le malheur des autres. Mais Jésus ne dénonçait pas seulement l'injustice. Il luttait activement contre le mal et la souffrance, guérissant et soulageant toute sorte de misères autour de lui. Nous retrouvons en Jésus cette compassion de Dieu pour l'homme souffrant.

Comme Dieu son Père, Jésus a une préférence pour les pauvres. Il secourt d'innombrables détresses et les pécheurs trouvent en lui un ami. Jésus demande à ses disciples d'être miséricordieux, comme leur Père est miséricordieux : de pardonner, de secourir ceux qui souffrent et de ne pas abandonner sur le bord de la route, les malheureux en difficulté. C'est là une condition essentielle pour entrer dans le Royaume des cieux.

Le combat du chrétien

À l'image de Jésus, le chrétien doit donc se révolter, lui aussi, contre le mal et la souffrance. Au cœur de chaque douleur, il voit un appel au combat. *«La souffrance est un mal. Elle est un déchet. Elle est signe que l'homme n'a pas encore réussi à saisir, développer l'univers, pour le mettre au service de tous. Elle est aussi le signe que l'humanité n'est pas encore communauté dans l'amour enfin triomphant. Aux hommes qui, si souvent viennent me dire leurs souffrances, je ne dois pas d'abord, sous prétexte de foi, leur parler d'offrande. Je dois auparavant leur faire entendre l'appel au combat qui résonne au cœur de chaque douleur. Ensuite, je peux les inviter à rejoindre Jésus-Christ.»*. (Michel Quoist, *À coeur ouvert*, Les éditions Ouvrières, p. 247).

Cette «révolte chrétienne» contre le mal et la souffrance et ce combat permanent contre eux sont nécessaires et positifs pour le croyant. C'est une exigence impérative de sa foi. Il ne peut rester neutre ou indifférent face à tout ce qui diminue, aliène, amoindrit l'homme. *«On ne redira jamais assez qu'en face du mal et du malheur le chrétien doit se révolter. D'une certaine manière notre vraie vie ne commence que dans cette résistance au malheur»* (B. Bro, *Le pouvoir du mal,* p. 289).

Une exigence de la foi

Mais, pour que cette révolte nécessaire soit positive et conforme à l'esprit de l'Évangile, elle doit tout d'abord s'enraciner dans l'amour de Dieu. C'est seulement ainsi que le chrétien pourra accompagner en vérité, dans un réel esprit de compassion, ceux qui souffrent, partout où ils sont, n'hésitant pas à partager leur condition comme Jésus l'a fait.

Ce combat est une exigence de la foi dans le Dieu de Jésus-Christ. C'est un signe de bonne santé spirituelle. Aujourd'hui, multiples malheureusement sont les occasions de combat en ce domaine. Devant les innombrables détresses de l'humanité, des hommes, croyants ou non, ont organisé un véritable front de lutte contre la souffrance sous toutes ses formes. Chaque jour, aux quatre coins du monde, des organismes parfois peu connus mais efficaces, travaillent d'arrache-pied, pour soulager la souffrance des victimes de la faim, du malheur, de l'injustice et de la violence.

Dans ces organismes, les chrétiens travaillent, au coude à coude, avec des hommes et des femmes de tous horizons. D'autres militent au sein d'organismes chrétiens comme le Secours Catholique, le CCFD, la Société de Saint-Vincent-de-Paul, Emmaüs, l'ACAT, Ombres et lumière, la Cimade, Caritas, etc. Cette entreprise de solidarité, ouverte à tous les hommes de bonne volonté, est indispensable pour contenir, si peu que ce soit, le flot immense de souffrance qui submerge tant d'enfants, de jeunes, et d'adultes, à notre porte ou à l'autre bout de la planète.

Il y a tant à faire autour de nous en ce domaine qu'il n'est pas difficile de trouver quoi faire pour aider nos frères. En ce domaine les exemples sont légion, depuis saint Vincent de Paul jusqu'à Mère Térésa ou l'abbé Pierre. Là où nous sommes, à l'exemple de Jésus nous pouvons tous trouver des actions, même modestes, pour lutter autant que faire se peut contre le mal et la souffrance malheureusement si présents autour de nous... et en nous !

La souffrance, occasion possible de fécondité ?

Cela dit, puisque malheureusement nous ne pouvons y échapper, est-il cependant possible de la vivre de telle façon qu'elle puisse, malgré tout, devenir féconde ? Il faut être là extrêmement prudent, et ne jamais oublier que les dégats provoqués par la souffrance peuvent être tellement ravageurs qu'il devient pratiquement impossible de parler de fécondité.

Il est parfaitement vrai, certes, qu'on peut réussir parfois à donner un sens à ce qu'on vit de pénible et de douloureux. Mais, trop souvent, le prix à payer est excessif et les ravages de toute sorte causés par la souffrance sont sans proportion avec les conséquences heureuses. *«Il est des douleurs physiques ou morales tellement intenses que l'être humain en vient à préférer mourir plutôt que de continuer à vivre ainsi. La chair meurtrie, le psychisme et l'esprit sont alors plongés dans ce qu'on a appelé la "souffrance totale". Il n'est même plus question pour le croyant de pouvoir prier. La mer a tout submergé»* (J.-C. Badenhauser, dans *Christus*, n° 152, p. 397).

Bien souvent, le malheur, quel qu'il soit, accable et écrase donc davantage l'homme qu'il ne l'aide à progresser et à s'épanouir. Pour quelques personnes sortant grandies de l'épreuve, beaucoup sont définitivement broyées. Le malheur anéantit l'homme plus souvent qu'il ne l'aide à se redresser. Les conquêtes qu'il autorise sont bien souvent partielles et se réalisent trop fréquemment sur un réel fond de défaite. Cela ne signifie évidemment pas que les conséquences de la souffrance soient toujours négatives. Bien des témoignages montrent qu'elle peut être un puissant moyen de transformation et de progrès.

D'où l'importance ici de bien distinguer les deux effets opposés de la souffrance. Dans certains cas, elle peut finalement se révéler positive et libératrice dans ses effets. Dans d'autres cas - les plus fréquents ? - elle se révèle hélas aliénante, enfermant la personne dans sa douleur et sa solitude.

Mais il est essentiel d'observer que, lorsqu'elles existent, les conséquences heureuses de la souffrance ne viennent jamais de la souffrance elle-même. Elles sont le résultat de la manière dont cette souffrance a été vécue, surmontée et combattue. Autrement dit, la souffrance n'est jamais la cause directe de ces effets positifs lorsqu'il existent, elle en est seulement l'occasion. Elle peut se révèler après coup féconde lorsqu'elle a permis une maturation de la personnalité et un authentique approfondissement spirituel.

Du vendredi saint à Pâques

Que peut alors faire le chrétien lorsqu'il est assailli par la souffrance sans pouvoir y échapper ? Dans la mesure où il le peut, il doit essayer de la vivre en union avec le Christ crucifié et ressuscité, afin qu'elle devienne source de vie et non pas de mort. C'est d'ailleurs ainsi que les saints l'ont comprise et que saint Paul, dès les débuts du christianisme, invitait à l'assumer.

Les premiers chrétiens avaient dû se rendre à l'évidence : la résurrection de Jésus ne supprimait ni la mort, ni la souffrance. À la suite de la mort et de la résurrection de Jésus, celles-ci prenaient évidemment un sens nouveau. Mais la réalité et le scandale du mal et de la souffrance demeuraient. Jésus avait séché quelques larmes, il n'avait pas supprimé toutes les larmes. Il avait guéri des maladies, il n'avait pas supprimé toutes les maladies avec leur cortège de douleurs physiques et morales. Il avait réconforté des gens, il n'avait pas supprimé l'angoisse.

Les disciples de Jésus ont alors pris conscience qu'il leur appartiendrait toujours de prendre en compte cette tragique réalité et de l'assumer le moins mal possible en se souvenant que le Christ lui-même était passé par ce chemin de douleur et qu'il avait montré la voie qui permet de garder espoir et espérance, celle qui, à travers la souffance et la mort, conduit à la résurrection.

Seule cette victoire ultime du Christ peut permettre de donner un sens à notre vie malgré le mal et les souffrances qui nous assaillent forcément dans le cours de notre existence.

Xavier Thévenot montre qu'il y a trois temps dans le processus qui peut permettre de faire de la souffrance une occasion d'approfondissement spirituel et humain, Tout d'abord, dans un premier temps, la souffrance apparaît toujours comme trop forte. On est comme paralysé, tétanisé par le choc du malheur qui s'abat sur nous. Il y a ensuite un temps de révolte, de dépression et de régression, avant, finalement un troisième temps, celui du travail de Pâques, celui où l'on assume sa souffrance en union avec le Christ ressuscité et où, malgré tout, on est capable à nouveau de donner un sens à sa vie.

«On retrouve ici, observe Thévenot, *la structure du triduum pascal. Le Vendredi saint où l'on est comme accablé par l'excès que représente le mal ; le temps du Samedi saint qui est le temps du silence où l'on réaménage son histoire, sa propre mémoire, ses espérances ; le temps de Pâques qui est un temps d'espérance, mais une espérance qui ne se confond pas avec le repos complet : c'est encore un travail, une mise en route»* (Xavier Thévenot dans *L'Actualité Religieuse dans le Monde,* n° 75, p. 26-27).

Lorsque, malgré tout, la désespérance s'installe et que le dégoût de la vie se manifeste d'une façon continue, le chrétien peut encore tenter de se rappeler que Dieu est toujours à ses côtés. C'est, certes, "plus facile à dire qu'à faire". Mais l'enseignement constant de Jésus est clair sur ce point: Dieu n'abandonne jamais qui que ce soit. Il est tout particulièrement proche de celui qui souffre et ne réussit pas à surmonter sa souffrance et à s'en sortir. Il est surtout celui qui, sans pour cela intervenir directement et immédiatement pour le soulager, veut son bonheur et le conduit finalement à la résurrection.

Nous sommes faits pour le bonheur

L'affrontement concret à la souffrance, surtout si elle est durable et profonde provoque nécessairment une déchirure. Tout s'écroule. Et jaillit alors la question du “pourquoi”, et surtout du “pourquoi moi ? ” C'est l'écrasement, et éventuellement la révolte contre Dieu. Cette réaction est tout à fait normale car nous ne sommes pas faits pour la souffrance, mais pour le bonheur.

Nous sommes faits pour la vie, et c'est pourquoi nous rejetons, avec force - et avec raison ! - le mal qui nous assaille et les souffrances qu'il engendre en nous.

Dieu n'est pas un justicier qui se tient à nos côtés. C'est un Dieu humble, le “serviteur souffrant”, comme dit l'Écriture, qui vient parmi nous pour nous aider à porter ce qui nous blesse : *«Venez à moi, vous tous qui peinez et ployez sous le fardeau, et moi je vous soulagerai»* (Matthieu 11,28).

Étrange paradoxe de ce Dieu de Jésus-Christ: un Dieu bon et tout-puissant qui se révèle impuissant devant le mal. Mais, en nous montrant, par sa mort sur la croix et sa résurrection, que Dieu est toujours à nos côtés, Jésus nous ouvre le chemin de la vie. En même temps il nous invite, à toujours nous battre comme lui contre tous les maux et toutes les souffrances parce que nous sommes faits pour vivre, pour le bonheur.

Cette recherche du bonheur pour lequel nous sommes créés est précisément l'aiguillon qui nous pousse sans cesse à combattre le mal et la souffrance qui nous assaillent. *«La révolte de la conscience devant le mal serait une absurdité si elle ne s'enracinait pas dans une certitude. A moins de se résigner à l'absurdité de nos aspirations les plus fondamentales vers la justice, le bien, l'amour, la fraternité, à moins d'accepter de dire que tout cela n'est qu'illusion, il faut bien admettre, derrière le refus ou le scandale du mal, une aspiration qui, d'une certaine manière, nous assure déjà que le mal est surmonté. N'est-ce pas parce que nous sommes faits pour la joie, parce que notre vocation est le bonheur, que nous protestons contre le mal et la souffrance. J'affirme que si notre vocation... n'était pas une vocation à la joie, notre indignation contre le mal et la souffrance ne serait pas ce qu'elle est»* (F. Varillon, *Joie de croire, joie de vivre*, Le Centurion, p. 272-273).

Pour le croyant, cette conviction s'enracine dans les paroles mêmes de Jésus : *«Je suis venu pour que vous ayez la vie en abondance... Je vous donne ma joie, et ma joie nul ne pourra vous la ravir»* (Jean 16,24 et 17,13).

Mais il ne s'agit pas d'une fuite dans un au-delà plus ou moins hypothétique: Dieu, en parfaite conformité avec nos désirs les plus profonds, souhaite que nous fassions tout pour être le plus heureux possible dès maintenant. Malgré les difficultés terribles, et parfois apparemment insurmontables, qui s'accumulent constamment devant nous, ce chemin vers le bonheur et la vie est le seul possible. Telles sont notre certitude et notre espérance en tant que disciples du Christ.

Cette certitude et cette espérance ne nous paraissent pas illusoires dans la mesure où nous croyons que Dieu - c'est tout le sens de la Croix du Christ et de sa résurrection - s'est radicalement engagé à nos côtés dans cette lutte contre le mal, la souffrance et le malheur. Dans cette lutte constante et difficile pour le bonheur, nous faisons advenir le Royaume de Dieu dès ici-bas, sans attendre passivement cet autre monde promis par Dieu dans lequel *«il n'y aura plus ni deuil, ni cri, ni souffrance, car le monde ancien aura disparu»* (Apocalypse 21,4).

Une volonté de Dieu : lutter pour la vie !

«Vous devez lutter pour la vie, tout faire pour améliorer les conditions dans lesquelles vous vivez. C'est là un devoir sacré, parce que telle est aussi la volonté de Dieu. Ne dites pas que c'est la volonté de Dieu que vous demeuriez dans une situation de pauvreté, de maladie, dans des logements qui contrarient souvent votre dignité de personnes humaines. Ne dites pas : "C'est Dieu qui le veut"... Je sais que cela ne dépend pas seulement de vous. Je sais que beaucoup de choses devront être faites par d'autres, pour en finir avec les mauvaises conditions qui vous affligent, pour les améliorer. Mais c'est vous qui devez être toujours les premiers à améliorer votre vie sous tous ses aspects.»

Jean-Paul II, s'adressant aux habitants d'un bidonville du Brésil le 7 Juillet 1980.

Aujourd'hui, je suis malade
et je souffre.
Chaque fois que ma chair crie,
je hurle,
au bord du blasphème.
Lui est là
près de moi
et me tient compagnie.
En silence.

De temps en temps
Il me prend la main
pour me calmer,
m'apaiser
et m'aider à gravir
la sinistre colline.

Chaque fois que je m'effondre,
Il me relève
et éponge la sueur de mon front.

Tel est mon Dieu :
proche de moi
dans la joie,
plus proche encore dans la souffrance.
Pourtant, Il a horreur du mal,
Il me l'a encore redit
ce vendredi.

Gilbert LE MOUËL, *Mon Dieu et Moi*,
Les éditions Ouvrières.

POUR EN SAVOIR DAVANTAGE

Quelques livres pour poursuivre la réflexion

* *Faciles :*

François BOUSQUET, *Le scandale du mal*, Mame, 1987, coll. «Première bibliothèque des connaissances religieuses», 64 p.

Gilbert LE MOUËL, *Seigneur, ton ami est malade*, Cerf, 1983, 104 p.

Jean-Pierre MANIGNE, *Peut-on parler de la souffrance ?* Coll : «Petite encyclopédie du christianisme», Desclée de Brouwer, 1991, 105 p.

Xavier THÉVENOT, *Souffrance, bonheur, éthique, conférences spirituelles*, Salvator, 1990, 126 p.

François VARILLON, *La souffrance de Dieu*, Le Centurion, 1975, 115 p.

Jean VERNETTE, *Si Dieu était bon...*, Le Centurion, coll : «C'est-à-dire», 1991, 120 p.

* *Un peu plus difficiles :*

Etienne BORNE, article *«Mal»* dans l'Encyclopédia Universalis, t. XI, 1985.

Etienne BORNE, *Le problème du mal*, Paris, P.U.F./Quadrige, nouvelle édition : 1992, 121 p.

Bernard BRO, *Le pouvoir du mal*, Cerf, 1976, 346 p.

Yves CHABERT et Roger PHILIBERT, *Croire quand on souffre*, Éditions ouvrières, 1993, coll. «Tout simplement», 269 p.

Marcel NEUSCH, *Le mal*, Le Centurion/La Croix, coll : «Parcours», 1990, 132 p.

François VARONE, *Ce Dieu censé aimer la souffrance*, Cerf, 1984, 248 p.

TABLE DES MATIÈRES

Impression : Bussière, St-Amand (Cher). – (1764-VII-1993)
N° d'édit. : 9755. D.L. : septembre 1993.